**19TH FUKUOKA
DESIGN REVIEW 2014**
DOCUMENTARY BOOK

*Edit by The 19th Fukuoka Design Review 2014
Executive Committee*

19TH FUKUOKA DESIGN REVIEW 2014

Chapter:
Fukuoka Design Review2014
Executive Committee

福岡デザインレビュー2014 実行委員会編

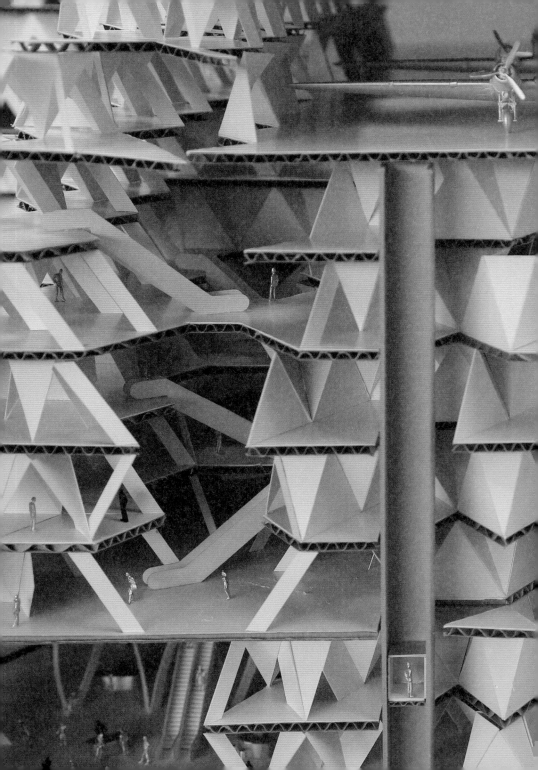

026	大会概要	Adhesion Cr
028	プログラム	Program
030	クリティーク紹介	Critic Introduction
034	クリティーク対談	Critic Talks
040	受賞者紹介	Prize Winners
138	コラム1	Column1
148	コラム2	Column2
150	全出展者紹介	All exhibitors Introduce list
164	コラム3	Column3
202	クリティークから学生たちへ	Messages from Critic to Students
204	コラム4	Column4
206	密着クリティーク	Focus of Critic
212	コラム5	Column5
214	実行委員会	List of Executive Committee Members
216	あとがき	Afterword

目次

Contents of
Fukuoka Design
Review 2014

大会概要

Outline of Fukuoka Design Review 2014

福岡デザインレビュー2014:
今年で19回目の開催となる「デザインレビュー」は、全国各地の大学、大学院、短大、高専などで学ぶ学生たちの意欲的作品の講評を通して、現代建築や都市環境を取り巻く諸問題を議論し、デザインの可能性とリアリティについて、広く意見を交換する場を提供する活動です。この企画を通じて、各地の大学をはじめとした建築教育の現場、公共や民間の建築関係者、および建築・都市に関心のある多方面の方々を結びつけ、建築批評全体の質が向上することを期待し、現代の建築・都市デザインに対しての刺激となることを目指しています。

応募資格:
大学、大学院、短大、高専などに所属し、建築、都市、ランドスケープに関して勉強する学生。学年は問いません。ただし、3月15・16日ともに参加できること。

応募作品の規定:
作品は1人1作品[共同制作可]。出展者が著作権を有するオリジナルな提案であれば、卒業設計、設計課題、コンペ出品作などいずれも可とします。作品のテーマ、内容は問いません。過去のデザインレビューに応募した作品は再応募不可とします。

開催概要:
日時:2014年3月15日(土)・16日(日)
会場:アイランドシティ「ぐりんぐりん」
　　　福岡市東区香椎照葉4-26-7
主催:福岡デザインレビュー2014実行委員会
　　　日本建築家協会 九州支部
共催:アイランドシティ中央公園管理事務局
　　　福岡デザイン倶楽部
協力:NPO法人 福岡建築ファウンデーション
特別協賛:(株)総合資格
後援:福岡市

※詳しい応募要項についてはP218をごらんください。

審査について：

0. 事前審査 >>>

2月23日に行われた予選において、3月15・16日の大会当日に出展できる100作品を選抜しました。
〈審査員〉池添昌幸（福岡大学准教授）、鵜飼哲矢（九州大学准教授／鵜飼哲矢事務所）、平瀬有人（佐賀大学准教授／yHa architects）、矢作昌生（九州産業大学准教授／矢作昌生建築設計事務所）　※五十音順・敬称略

1. 一次審査（ポスターセッション） >>>

ポスターセッションは50分を1セットとし、3セット行います。会場にある作品は3グループに色分けされており、クリティークは決められた時間内に決められたグループの作品を見て回ります。ポスターセッションは、学生とクリティークが直接議論する場となります。

2. 二次審査進出者選抜 >>>

2日目に行われる二次審査に進むことができる24名を決定するため、クリティークによる投票を行います。クリティークの持ち票は1人20票で、1作品につき3票まで投票可能です。投票後集計し、24作品程度となる票数をボーダーとし、翌日の二次審査進出者を決定します。

3. 二次審査（60秒プレゼン） >>>

ここでは、1人につき60秒で作品プレゼンをしてもらいます。60秒という限られた時間で作品の良さを伝え、クリティークの印象に残らなければなりません。二次審査に進んだ全員のプレゼンが終了した後、クリティークと司会の先生を中心に議論、選抜を行い、決勝に進む8名を決定します。

4. 決勝審査（5分間プレゼン） >>>

決勝では、1人につき5分間のプレゼンを行います。質疑応答の後、議論によって【最優秀賞】1名、【優秀賞】2名を決定します。

その他の賞 >>>

クリティーク賞
各クリティークから与えられる賞です。決勝に進出するかしないかは関係なく、会場にある全作品の中からそれぞれ選ばれます。

【JIA九州選奨】
九州の大学生の卒業設計が対象で、6作品が選ばれます。選ばれた作品は全国学生卒業設計コンクールに出展します。

2014テーマ
Theme of
Fukuoka Design
Review 2014

共創戦略
Co-creation Strategy

デザインレビューという場で出会った
出展者、クリティークは
「共」に建築の可能性を追求し
皆で未来を「創」造していく。
白熱した議論はまるで「戦」の如く
ぶつけ合った互いの考えを攻「略」するかの如し。
吸収し合い、高め合い、明確になっていく夢。
デザインレビューとは
まさに「共創戦略」の場なのである。

プログラム
―
Program of
Fukuoka Design
Review 2014

DAY ONE   Sat., Mar. 15, 2014

09:00 — 11:30   開場　出展者受付
11:55 — 12:35   クリティーク事前審査
12:40 — 13:00   開会式
13:10 — 14:00   ポスターセッションI
14:00 — 14:50   ポスターセッションII
14:50 — 15:40   ポスターセッションIII
15:40 — 16:50   二次審査進出者選抜投票・議論
17:30 — 19:30   懇親会

DAY TWO   Sun., Mar. 16, 2014

09:00 — 10:00   開場　出展者受付
10:00 — 10:40   二次審査［60秒プレゼン］
10:40 — 11:50   決勝進出者選抜
11:50 — 12:50   昼休み
12:50 — 14:30   決勝審査［5分間プレゼン］
14:40 — 16:30   受賞者選抜議論　全体講評
16:30 — 16:50   表彰式／閉会式

DAY THREE   Mon., Mar. 17, 2014

09:00 — 17:00   デザインレビューツアー

Exhibitors of
Fukuoka Design
Review 2014

Critic
Introduction

クリティーク紹介

福岡デザインレビューのクリティークは、国内各地のみならず、海外でも活躍する著名な建築家ばかり。「いま、この人の話が聞きたい！」と、実行委員が熱意を持って招いたクリティークたち。そのひと言、ひと言が、建築を学ぶ学生の明日への指針となる。

Introduction of
Critic

クリティーク紹介

Critic
池田 昌弘
Masahiro Ikeda

池田昌弘建築研究所

Critic
島田 陽
Yo Shimada

タトアーキテクツ
島田陽建築設計事務所

1964年静岡生まれ。
1987年名古屋大学卒、1989年同大学院修了。1989-1991年木村俊彦構造設計事務所。1991-1994年佐々木睦朗構造計画研究所。1994年池田昌弘建築研究所／mias設立。2004年MASAHIRO IKEDA co., ltd設立。2009年Masahiro Ikeda School of Architecture／MISA設立、同校校長。吉岡賞、松井源吾賞、JIA 新人賞、日本建築選奨賞など、受賞作多数。2003年GAギャラリーにて"Integrated Identity/池田昌弘展"。フランス、ポンピドーセンター常設展に作品が展示。(2004年「Natural Ellipse」)

1972年神戸市生まれ。
1997年 京都市立芸術大学大学院修了後、タトアーキテクツ/島田陽建築設計事務所設立。「六甲の住居」で第29回吉岡賞、LIXILデザインコンテスト2012金賞など受賞。主な作品に「西脇の集会所」「比叡平の住居」「六甲の住居」「おおきな曲面のある小屋」「Post-it structures」など。著書に『7iP #4 YO SHIMADA』(ニューハウス出版)。京都市立芸術大学/神戸大学/神戸芸術工科大学/ 島工業大学 非常勤講師。

Introduction of
Critic

クリティーク紹介

Critic
成瀬 友梨
Yuri Naruse

成瀬・猪熊建築設計事務所

Critic
長谷川 豪
Go Hasegawa

長谷川豪建築設計事務所

1979年愛知県生まれ。2007年東京大学大学院建築学専攻博士課程単位取得退学。同年、成瀬・猪熊建築設計事務所共同設立。2009年から東京大学大学院特任助教。2010年から同大学院助教。人の関わりを作るシェアの空間を積極的に手がける。代表作に、「FabCafe」、「THE SCAPE(R)」、「LT城西」、「柏の葉オープンイノベーションラボ(KOIL)」など。著書に、『やわらかい建築の発想』(共著, フィルムアート社)、『シェアをデザインする』(共著、学芸出版社)。

1977年埼玉県生まれ。2002年東京工業大学大学院修士課程修了後、西沢大良建築設計事務所を経て、2005年長谷川豪建築設計事務所設立。2009-2011年東京工業大学ほか非常勤講師。2012年よりスイス・メンドリジオ建築アカデミー客員教授。「森のなかの住宅」(『新建築』0612)にてSDレビュー2005鹿島賞、平成19年東京建築士会住宅建築賞金賞受賞。「桜台の住宅」(本誌0701)にて第24回新建築賞受賞。主な著作に『Go Hasegawa Works』(TOTO出版、2011)、『考えること、建築すること、生きること』(LIXIL出版、2011)など。

Introduction of
Critic

クリティーク紹介

Critic
山下 保博
Yasuhiro Yamashita

アトリエ・天工人

Moderator
鵜飼 哲矢
Tetsuya Ukai

九州大学准教授
鵜飼哲矢事務所

1960年鹿児島県奄美大島生まれ。芝浦工業大学大学院修了後、3つの設計事務所を経て1991年に独立。2004年にar+d世界新人賞(イギリス)グランプリ、釜山エコセンター(自然博物館)国際設計競技1等、2013年釜石市の設計競技「小白浜地区復興公営住宅その1」を建築家集団TeMaLiにて獲得。LEAF Awards 2013(イギリス)にて3部門の最優秀賞を受賞。1995年の阪神淡路大震災から復興支援を続け、2011年の東日本大震災の復興支援として伊東豊雄氏と共に「釜石漁師のみんなの家」を創り、NPO法人の理事長としてサポートを続けている。2013年に一般社団法人 地域素材利活用協会を設立し、様々な地域の素材や構法を再編集することにより仕事を生み出し、街づくりに発展させる地域支援活動も行っている。

1966年愛知県生まれ。東京大学建築学科および大学院修了。ロンドンAAスクール卒業。丹下健三都市建築設計研究所にてフジテレビ本社、ミラノ・パリ都市計画プロジェクトを担当。文化庁芸術家件在外研修員を経て、東京大学助手・助教。現在は九州大学大学院芸術工芸研究員准教授。主な受賞歴は日本建築学会東海賞、日本建築士会連合会優秀賞、日本建築協会優秀賞、愛知県知事賞、グッドデザイン賞(3回)など。

2日目の二次審査終了後、ここまでの審査や交流のなかで感じたことをクリティーク全員で話し合うという、初めての試みを行った。学生たちへの期待、デザインレビューへの提言など、次々飛び出す率直な言葉に、"未来"に対する建築家たちの熱い思いを知った。

司会
鵜飼 哲矢
Tetsuya Ukai
九州大学准教授
鵜飼哲矢事務所

クリティーク対談
Critic Talks
DAY TWO : DESIGN REVEW2014

自分がどういう条件で
考えるかで、より洗練されて
レベルが上がっていくと思う

Masahiro Ikeda

池田 昌弘
Masahiro Ikeda
――
池田昌弘建築研究所

鵜飼：今回はデザインレビューについてクリティークの先生方からざっくばらんなお話が聞けたらと思います。まずは、学生作品に期待することについてお願いします。
池田：どうしてもプロのプロジェクトは、与条件が決まっているからわざわざ深く考えなくてもその条件で解いていれば成立する。だけど学生の作品は自分で設定するからその設定が緩いとなんでもできてしまう。自分がどういう条件で考えていこうかと考えていくと、より洗練されてレベルが上がっていくと思うよ。
島田：僕も、課題を解く能力と同時に課題を作り出す能力が問われているから、どれだけボールを自分が取れるか取れないかギリギリのところに投げて、それをうまく取れる、取りこぼすというのが僕たちの見たいところ。だから割と近くにボールを投げてうまくキャッチできても、だから？という感じになる。上手くいってない気がするけど、ボールの投げ方はよかったっていうのがいいね。

山下：4、5年前は私的に閉じて私的に建築を作ろうとしていたよね。震災以降は、開いて来ているから二人がいうような話と、そこにきちんと分析があったりして面白かった。私的になりすぎるとこれはおまえの世界か、ってなって突っ込みようがないし。
成瀬：震災直後の2012年の3月あたりに、JIAの関東の卒業設計の審査員をさせていただいたんです。その時のショックが大きすぎて、というのもその年は閉じている案が多かった。だけど2013年になると少し様子が変わってきて、社会の問題にどう向き合うかと自分なりに考えていますよね。多分今年の作品を見るともっと多かったんじゃないかと思いますね。学校にいるので過去の先生方とお会いするんですけど、やっぱり昔は問題の設定がしやすかったんだなと思って。経済成長期でどんどん成長していけばいいって感じで、問題を立てるのがすごく簡単なんですよ。でも今はすごく難しい。価値観も多様で問題もすごく複雑で、どうしたらいいか、何をつくったらい

いのかを考えるのが大人でも難しい時代の中で、学生の卒業設計のテーマ設定はすごく難しいだろうなと思いますね。そこに果敢にチャレンジしている案は評価したいし、見るべきだなあと感じますね。

長谷川：去年僕は卒業設計の審査は一つもやらなかったんですけど2012年と比べると、今成瀬さんがいったように、その時はちょっと震災直後で割と混乱していて、でもなんかやっぱり素敵な表現だけではだめだと思っていて、でもどうしていいか分からないという感じだったんですよ。だけど、昨日今日を見ていて、プロジェクトの入口をすごく丁寧につくっている案が多くて、すごくいいなと思いましたね。あと昨日懇親会の後に池田さんと二次会の会場に移動しながら、俺らより学生の案の方がいいよねとかって。

池田：あはははは、言ったね！

長谷川：僕もそう思った。やっぱり何かチャレンジがないと建築はだめだと思う。

池田：僕らも学生の時に思っていたことを引きずって今があるから。大学生だったらできないけど今できることとか。でもあのころから考えていたことだから、解決できなくても、先生に何を言われても、自信を持ってやっていけたらいいよね。

長谷川：そうですよね、多分学生たちが思っている以上にこれから引きずっていく問題ですよね、卒設なんかで見つけてきた問題なんかは。だからそれを大事にしてほしい。

池田：建築家像も変わってきているよね。昔は誰のまねしたら練習になるみたいな感じだったのに、それも成瀬さんが言ったみたいに本当に混沌としているから大人でもいろんな方向性を持っている。学生が誰を見てやったらいいのかって中で、建築家とは何かと僕らが考えるのと同じように、一般の人たちが建築家に対してジャッジをして、この建築いいよね、この建築家はこうだよね、とかネームバリューだけではなくて、目が肥えた人たちが出てきたときにも、それを突破していける学生になっていかないと。彼らが僕たちくらいになっている頃には

島田 陽
Yo Shimada

島田陽建築設計事務所

| 10年、20年先の表現なのだと
| 眼差しを遠くして
| チャレンジしてほしい

Yo Shimada

クリティーク対談
CriticTalks
DAY TWO : DESIGN REVEW2014

価値観も多様で問題もすごく複雑でどうしたらいいか、何をつくったらいいかを考えるのが大人でも難しい時代

Yuri Naruse

成瀬 友梨
Yuri Naruse
成瀬・猪熊建築設計事務所

きっとそうなっているよね。
長谷川:震災前の卒設展は、もっと建築家の何を参照して作ったのかはっきりわかる案が多かった。今回はほとんどないですよね。みんなオリジナルの入り口をちゃんと作っていて、まあうまくいった人といかなかった人はいるけど、最初の出だしのところは昔と比べると随分切実になっているんじゃないかな。
島田:まあね、一生考えられる課題を見つけるっていうのはね、この年になって考えるとまだあれやっていたんだってなるよね。何かを参照してやってしまうとそれが古びてしまうから、これから10年20年先の表現なのだと眼差しを遠くしてチャレンジしてほしいですね。
鵜飼:では、次は作品の評価のポイントについてお願いします。
池田:僕が思うのは作品には入口と出口があって、学生だとどうしてもそれが離れちゃう。このテーマでこれなのかっていう。

昔ある大学の卒業設計を見たときに、テーマがあって模型があるんだけど、これみんな線で結べるとか言って。
成瀬:ははは、それおもしろい!
池田:その辺が建築は何ができるか、決して作曲するわけでも論文書くわけでもないから、建築物として何かを、またはコミュニティとして表現していこうとしたときにそこに模型なんかで示してほしいなと思う。入口と同時にそれがどんなふうにリンクしてものになっているかが今回評価の論点だね。
長谷川:さっきの島田さんのボールの話で、確かに全然かけ離れていてもだめだしそれがべたべたでもダメだし、それはある種の緊張関係だと思うんですよ。ぎりぎりまで離れないとやっぱりクリエイティブじゃないし、離れちゃうと切実じゃなくなっちゃう。そこのバランスをちゃんと最後まで逃げずに考えられた人が多分いい。
山下:そのプロセスもちゃんと見せられてちゃんと説明できている人が評価に入る

> 今までで一番学生とクリティークが近い
> 懇親会でもすごく熱く語り合えた
> 審査される側とする側の垣根がなかった
>
> Go Hasegawa

Critic Talks
クリティーク対談
DAY TWO :
DESIGN REVEW2014

長谷川　豪
Go Hasegawa
長谷川豪建築設計事務所

るよね。

鵜飼：あとどれだけ覚悟したか。建築でどこまでできるか信じているのが大事だと思う。さっき学生のプレゼンを聞いていて気になったのが、「一般の人」とか「みんな」とか。みんなって誰？って感じで。開くのはいいけど、今度は抽象的になりすぎて他者に対して考えが開きすぎている。

山下：責任の所在が分からないよね。

鵜飼：それぞれにそれぞれの課題を発見していくというのはよくできているが、そこに何を信じるものがあるかっていう強さが大事ですよね。卒業設計に関してはね。

池田：プロも基本的には同じ問題を抱えていると思いますね。

島田：僕は、形ある設計したものでメッセージを伝えてほしいなと。今回別にあんまりなかったが、全体的に建てない・作らない作品がすごく多くみられる時があって。じゃあ君は4年間何を専門として勉強したのって、一体なんなんだって思ってし

まいましたね。

成瀬：私もまったく同じ意見で、学校の課題とかでも作れない人がすごい沢山いたんですよ。テーマとしてはとても上手なんですけど、結局形が作れなくって何でもできるスペースです、って提案がすごく多い。でも、何でもできるスペースって何にも使えないんだよと伝えるんです。やっぱりある程度設定して、これとこれに使えるっていう、勇気をもって形を与えている案を評価したいですね。

山下：それだったら慶応のアルゴリズムの子。彼は残してあげたかったけど、プロセスと最後にどうまとめるかをやってくれるともっとわかりやすかったのに、と思うね。

長谷川：作りたかったものがあるはずなのにね。それを全然説明しないで、なんか責任をとってないなと感じるね。

山下：そこをやってくれたら一票入れたのに。

鵜飼：僕が思うのは、レビューがコンクールで終わったら面白くない。レビューっていう

山下 保博
Yasuhiro Yamashita
───
アトリエ・天工人

ぐらいだから、卒業設計が賞をとるための目的化しちゃわないようにしないと。1年生でも2年生でもプロの建築家たちが、それに意見を入れていくのが福岡デザインレビューなのかなと。

山下：今回面白いのが、仙台で選ばれた人10人のうち3人が残っているのね。本当はもっと幅広く集まってこの場は、まさに鵜飼さんが言ったように仙台での1番が通用せずにした方が面白いと思う。仙台で1番でも、あんな話もこんな話もあって、ここから突っ込まれるとボロボロになるんだなと、それが分かる場、見える場であるべきですね。

長谷川：今回僕が感じたのはクリティークとの近さですよね。今までで一番学生とクリティークが近いですね。懇親会でもすごい熱く語り合えたし、今日ももう一回聞けて審査される側とする側みたいな垣根がなくて良かった。

鵜飼：それがいいですよね。審査員が上から決めていくじゃなくて。

長谷川：それだと審査する方が面白くないですからね。

山下：ただやり方を、昨日の時点で10人ぐらいに絞って、今日は7分とか喋らせて、みんなで選びながら議論するっていうのがいいよね。実際、60秒もいらない。

池田：学生は何回も、何回も同じアピールを話すことで、話すたびに力がついたり、または劣化したりする。

長谷川：あ〜、劣化ありますね。

池田：これが近さにつながっていると思いますね。

鵜飼：それはクライアントや社会に対してと同じですよね。やっぱり3回しゃべるのって大変なこと。イベントを通して卒業設計が進化していくってことですね。

長谷川：言う事も全然違うでしょうし。それを統合してまた今日発表するんでしょうし。

山下：これすごく深い話ですね。ぜひ学生さんに知ってほしいですね。

> ここから突っ込まれると
> ボロボロになるんだなと
> それが分かる場であるべき
>
> Yasuhiro Yamashita

Exhibitors of
Fukuoka Design
Review 2014

受賞者紹介

一次審査、二次審査、決勝審査と、厳しい戦いを経て決定した福岡デザインレビュー各賞。ここに至るまでのクリティークとの議論、学生同士の意見交換は、参加者すべてのかけがえのない財産だ。称賛とともに激励を込めて。贈られたこれらの賞をステップに、さらに高く羽ばたいてほしい。

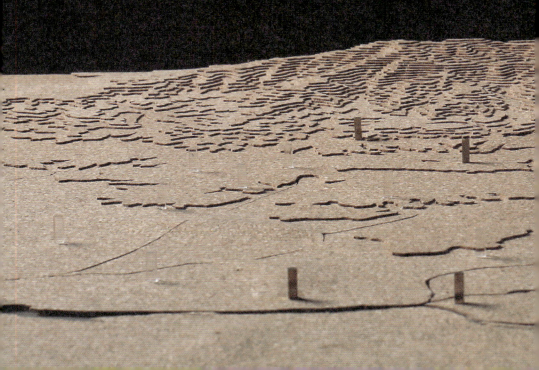

最優秀賞		050	市古 慧	九州大学	界隈をたどるレトロ駅
優秀賞・JIA賞		055	宮野 弘詩	佐賀大学	集落素体
優秀賞		015	伊達 一穂	九州大学	境内の軌跡
優秀賞		076	山本 将太	名城大学	記憶の祝祭
長谷川 豪賞・JIA賞		022	森 詩央里	九州産業大学	ナガサキナガヤ －世紀をまたいで生活の場をひろげていく建築の条件－
成瀬 友梨賞		033	佐々木 夏輝	福岡大学	スラムの居住環境再生モデル
池田 昌弘賞		008	野澤 美咲	早稲田大学	KOBAN －まちの ちいさな おまもりさん－
島田 陽賞		036	佐野 智哉	名古屋工業大学	加子母大学
山下 保博賞		088	楠本 鮎美	立命館大学	魚と人が融和する「面的魚道空間」
JIA賞・心くん賞		032	白石 レイ	九州大学	生きるために、死ぬ建築。
JIA賞		004	藤原 和也	九州大学	ひとつなが[町を巻き込む保育のみち]
JIA賞		062	木村 茉那美	九州大学	追憶/彼方への架け橋

Prize Winners

福岡デザインレビュー2014 >>> 受賞者

最優秀賞
THE HIGHEST AWARD

ID:O50

市古 慧
Kei Ichigo

九州大学
4年生

Project

界隈をたどるトンネル駅

急速に発展していく名古屋駅。地上は高層化され、巨大な建築の裏に街が隠されていく。街と駅は切り離され、分断化していく都市空間。そんな名古屋駅が今変わろうとしている。2027年中央新幹線開業に合わせて生まれる大深度地下の世界。そこは切り離された地上をたどり、再び結びつける街の中心となり、たくさんの街は駅を作る。

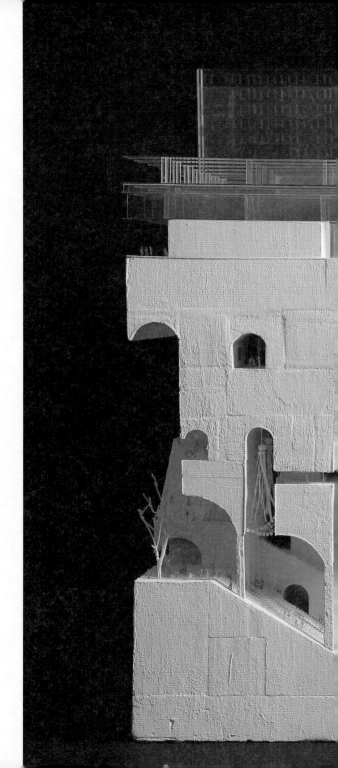

受賞者紹介 | Prize Winners

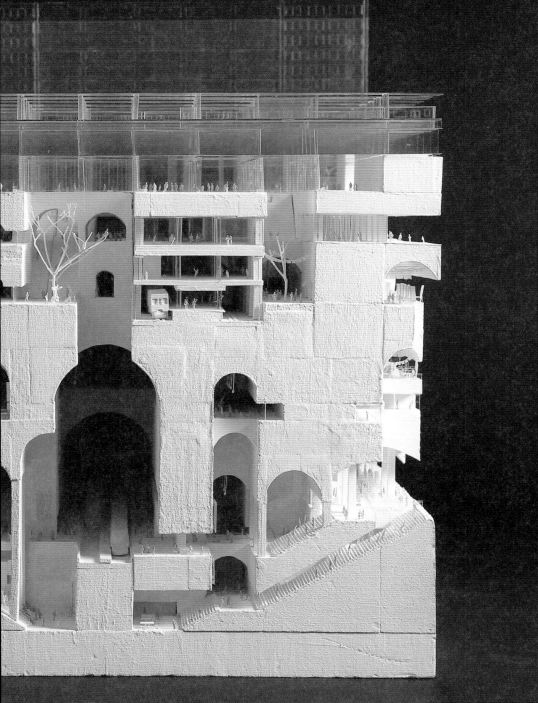

Program

大都市の地上は今様々な高層建築によって覆われている。こういった都市的背景のある現代において、地上から都市を変えていくことは難しい。そこで2027年に開業する中央新幹線の大深度地下駅を利用することを考えた。地下60mという今までに無い地下空間が駅と都市との新たな関係性を創り出す。

Concept Diagram -1：駅が界隈をたどる

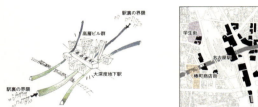

名古屋独自の界隈と名古屋駅直下の地下空間を結ぶようにトンネルを作ることで、個々の街が持つ界隈の魅力や活気を駅の地下に延長していく。高層化され、分断化された地上空間に代わって、新たに生まれた地下空間が名古屋の街を一続きにつなぐ大きな媒体となり、人々は街の界隈をたどるように駅を進む。

Concept Diagram -2：都市のネットワークを束ねる

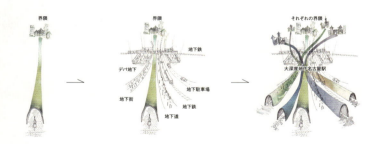

界隈に至る個々のトンネルをたどる過程で、トンネル同士がお互いに関連し合ったり、地下や地上の様々なネットワークを巻き込むことで、名古屋という煩雑な都市像を複数の線形上に束ねた巨大な駅が生まれる。

6つの界隈をたどるトンネル

名古屋駅周辺にある6つの独特な界隈をそれぞれ引き込む様にトンネルを開通させていく。

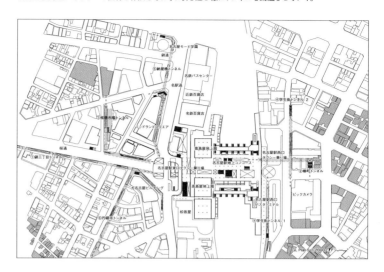

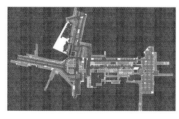

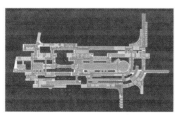
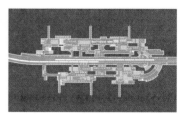

界隈をたどるトンネル
それぞれのトンネルはここの界隈に眠る個性的な雰囲気を纏いながらそれぞれのシークエンスを持って地上へと続いていく。

Tunnel-1: 錦三丁目トンネル

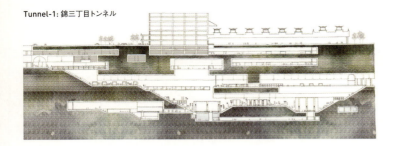

Tunnel-2: 椿町トンネル　　　　**Tunnel-3:** 柳橋市場トンネル

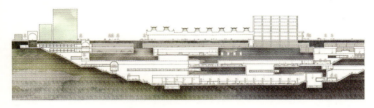

Tunnel-4: 学生街トンネル

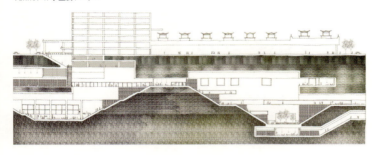

 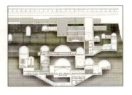

ここの魅力を持ったトンネル同士が横方向に並ぶことで段階的に異なったトンネルの魅力が現れる。

受賞者紹介 | Prize Winners

2027年中央新幹線開業に合わせて生まれる大深度地下の世界そこは切り離された地上をたどり、
再び結びつける街の中心となり、たくさんの街は駅を作る。

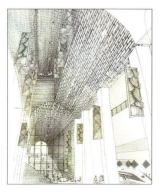

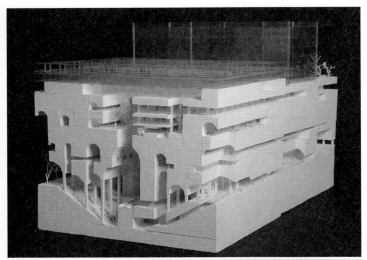

受賞者紹介 | Prize Winners

Presentation
of the Finalists

Presenter
ID:050

2045年、JR東海が品川駅と新大阪駅を結ぶ区間に新幹線を開業させる計画を立てています。その先駆けとして、2027年、品川と名古屋間の一部区間が開業し、名古屋駅が東京と大阪を結ぶ日本の大動脈の中心として大きな発展をしていくことが期待されています。そんな名古屋駅が生まれ変わる計画が立っています。2027年までに中央新幹線のプラットホームを名古屋駅直下50〜60mの大深度地下駅に建設することが決定しており、今回私はこの中央新幹線開業によって生まれ変わる名古屋駅を敷地に設定し、実際にJR東海が進めている名古屋地下駅の計画を元に設計を進めていきます。名古屋駅周辺はJRセントラルタワーを契機とした高層ビルの建設ラッシュが続いており、超高層ビルと一体となった巨大な駅へと成長しています。しかしその高層ビル群が駅を囲うように乱立することで、人々が都市に分散していく中心としての駅の役割を失われつつあるのではないでしょうか。地上が超高層化することによって生まれた名古屋駅の裏には、多様な魅力を持った界隈が存在します。高層ビルのすぐ裏で密かに賑わう市場。昔ながらの商店街。地元の人のみが知る歓楽街。学生たちの活気があふれる学生の町。それぞれの界隈は個々の魅力を失うことなく名古屋駅の裏になってもなお存在し続けています。周囲の町と一体化するように都市に対して開いており、駅にさまざまな駅前をつくり、巨大な演繹的な空間を形成していました。しかし、名古屋駅は駅周囲を取り囲むように数々の超高層ビルが地上を覆い尽くすことで演繹地区という空間が縮小化し、もともと名古屋駅と一体化するように営まれていた魅力的な街が、巨大な建築物群の裏として隠れてしまいました。こういった都市的背景がある現代において、地上から都市を変えていくことは難しいのではないでしょうか。そこで2027年に開業する中央新幹線大深度地下駅を利用することを考えました。地下60mという今までにない地下空間が都市と駅との間に築いていく新たな関係性を提案します。「界隈をたどるトンネル駅」。名古屋独自の界隈と名古屋駅直下の地下空間を結ぶようにトンネルを作ることで、個々の街が持っている界隈の魅力や活気を駅の地下に延長していきます。高層化され、分断化された地上空間に変わって、新たに生まれた地下空間が名古屋の街を一続きにつなぐ大きな媒介となり、人々は街の界隈をたどるように地下の駅を進んでいきます。界隈に至る個々のトンネルをたどる過程で、トンネル同士が互いに関与しあい、地下や地上のさまざまなネットワークを巻き込むことで、名古屋という煩雑な都市像を、地下深くにある複数の線形状に束ねた巨大な駅が生まれます。B1、B2の地上に近い空間では、都市全体に大きく根を張るように広がり、既存の地下鉄や地下街、デパ地下などの関係性を作ります。B3、B4のような地下深いような空間では、個々の界隈から引き込まれたトンネルが密に関連しあい、巨大な駅というメガストラクチャーを形成していきます。3つのトンネルと界隈のトンネル。複数のトンネルはお互いに個性を持つ自分たちの街の魅力を徹底的にアピールしながら区間の中で共存していきます。名古屋の歓楽街、夜の街、錦三丁目トンネル。昭和初期から続く飲み屋街、お酒の町、栄町トンネル。駅裏すぐに存在する柳橋中央市場、食の町、柳橋市場トンネル。駅裏にある学校や予備校街、若者の町、学生街トンネル。おしゃれなお店が並ぶ街、お茶の街、矢場町トンネル。歴史ある町並みと行事が特徴のお寺、お祭の街、員妙寺トンネル。個性的な界隈を飲み込んだトンネルたちは、それぞれが独特のシークエンスを持ち、都市との関係性を持っていきます。地下鉄や地下街を巻き込んで、周辺の人を巻き込んで、地中の奥底に界隈へと続く賑やかな道を作り上げていきます。2027年、中央新幹線開業に合わせて生まれる大深度地下の世界。そこは切り離された地上をたどり、再び結びつける街の中心となります。大きな建築に隠されたたくさんの小さな街が地下に飲み込まれ、やがて大きな駅となります。

Selection
of Award Winners
—
受賞者選抜議論

審査員：6個のトンネルの違いを詳しく説明してください。
市古：例えば歓楽街のトンネルは、この模型だと1個1個のアーチが強いんですけど、僕的には横に動くシークエンスが、この長手方向の魅力のほうが強いんじゃないかと思って。
審査員：その長手方向の魅力をどういう風に定義づけているのかを、特にお気に入りのものを2つぐらい教えて。
市古：例えば市場のトンネルならば、連続性のあるネットワークを作りたくて。例えばここでせりが行われているように、一直線にかつ少し大きめのプロポーションのトンネルを作って、ここに立った瞬間に一斉に空間が吹き抜けて全部が見える。この空間が駅としての見通しも良くして、プラットホームへの行き方などサイン的にも分かりやすくなります。学生街になると階段があって、一直線というよりは地面がどんどん隆起していき、途中で小さなトンネルとネットワークしています。
審査員：複数のトンネルを組み合わせているっていうこと？
市古：そうですね。歩いているときの体験でトンネル1つ1つの魅力を変えようかなと思って設計しています。
審査員：いい計画ではあるんだけど、若干ディストピア感というか…。全く太陽の光が入らないところに人工照明でこの空間を作って、空調も人工でということなんでしょうか？
市古：そうですね。地上に既存の駅があるということで人工照明になってしまうと思うんですけど、地上に何もない場所や地上の道路の歩道に出てくる場所は、外部空間を取り込んだ場所があったり、地下鉄風のようなものがきて、それが全体の風を通したりだとか、そういったことは考えています。
審査員：成長型の建築であればありかなと思ったんですよ。2027年のリニアモーターカー、この深さはありえないでしょ。逆に言えばこうやって持ってきて、こういうベースにして、そこにプラスして君の考えで地下空間がありますよ、っていうんだったら、あぁ分かるなって。そこが引っかかっているんだよね。
市古：動線に関しては実は先にプランニングしていて。界隈の動線っていうのはあとから足したんですけど、界隈同士がくっついて、例えばこの階段がこっちのトンネルとくっついて、こっちからこっちに抜けられるようになっているだとか、駅としてのプランニングというか、駅として絶対に必要なエスカレーターだとか絶対に必要になる動線、例えば地下鉄の乗換えだとか、既存の駅だと改札が内側になっていて、普通の人はここから改札から入ってここから階段を上っていくんですけど、例えばここに地上に抜けられるデッドスペースを見つけたので、しっかりとそのデッドスペースに乗り換えのためのトンネルが空いたりだとかっていう駅としての基本の動線っていうのは解いていて、最短距離になるように実はあって、その途中で、実はその通り道って言うのが界隈のトンネルだよっていうのが僕としては表現したくて。リニアの60mという深さは非常に深いっていうのは承知なんですけど、それはもともとJRの計画を参照にしているのであまりいじっていません。名古屋の街が想像外のところから途中で出てくることが、かえって名古屋の武器になるというか。セントラルパワーズだとかそんなことあまり良くないなと思っていて、街で、人間でもっとぐりぐり押せばいいじゃないかと。そういうのがここ入ってくれれば、50m、60mという深さなんて関係ないんだよって思えるようなパワーがあるんじゃないかなと思っています。
審査員：プログラムの設定で、全部で何万平米なの？
市古：例えば地下あたり、9m×700mくらいあるので、6300㎡の7本ということになります
審査員：これをつくると地上はどうなると思いますか？
市古：僕的には地上ももっと活力がでてくるんじゃないかなと思っています。地下と地上が分断されすぎていて、例えば名古屋の栄地区は、地上に人があまり通っていないイメージがある。でもそれが名古屋の中心だよって言うのがなんかなぁ、と。これが出来ることによって、地下と地上のネットワークというものがもしかしたらもっと強力になるんじゃないか、地上がもっと変わっていけたらいいなと思っています。

最優秀賞
THE HIGHEST AWARD

ID:050

九州大学　4年生

市古 慧
Kei Ichigo

クリティークの作品講評 | Evaluation

成瀬: 名古屋の街が持つ界隈の魅力をトンネルによって地下空間にまで延長していくというコンセプトのもと、大小さまざまなトンネルにより迷宮的な地下世界として新しい名古屋駅を設計しきっている。地上と地下世界の断絶が気になったものの、ひとつの世界をつくりあげる創造力と複雑なプログラムを解ききる力量を高く評価した。

池田: 卒業設計ならではのこだわり、誇大妄想的なアイディア、それをやりきったことに感銘を受けている。ホワイトモデルの提案であるため考えている特性をこのボードだけでない何かで表現する、あるいはボードではっきりと示すと良かった。そのタイポロジーをもっと明確に、雰囲気ではなく示すと良かったと思うが、清々しい作品だった。

受賞者アンケート | Winners questionnaire

□デザインレビューに出展したきっかけ
元々地元のコンペがあって、2年生の時に一度出してその時に大敗したんですけど、自分のスタンスを認めてほしいと思い、こういう場でいろいろな人に意見をもらってその意義を見い出したかったからです。

□印象に残ったクリティークからの一言
成瀬さんが最後に「衝撃的‼」という一言を言ってくれて、それが嬉しかったです。

□作品制作のスタンス
1つでもいいから徹底的にするということを昔からやってきて、それが自分のスタンスというか、原点です。

□自身の強み
1つ決めたら全力で取り組むこと。

□模型制作費／構想・製作期間／製作を手伝った人数
制作費20万円／5カ月・1カ月／15～16人

□使用パソコン・ソフト
Mac／illustrator・photoshop・vectorworks

□製作中つらかったこと
とりあえず、(模型の)地上に早く出たかったです。

□好きな建築／建築家
まだ模索中／まだ模索中

□建築を始めようと思ったきっかけ
単純に楽しいです。わかんないですけど、気づいたらやってたって感じです。

□これからの目標
来年から関東の方に行くので、今回得た知識やスタンスを生かしたいと思います。

□入選した感想
3年間くらい建築を学んできて、学部最後の大会で1番をいただいて、自分のやり方が合ってたかは分からないんですけど、間違ってはいなかったんだなと思います。すごい嬉しいです。

□最後に、来年出展を考えている後輩へコメント
デザインレビューという大会は、先生方も言われていたように、賞ではなくて、ポスターセッションなどの議論から得ることこそがデザインレビューのある種の賞で、それを大事にして欲しいと思います。1年生でも2先生でも3年生でも建築が好きな人だったら、出して、しゃべって帰ってほしいなって思います。

優秀賞
THE EXCELLENCE AWARD

JIA賞
JIA AWARD

ID:055

宮野 弘詩
Hiroshi Miyano

佐賀大学
4年生

Project

集落素体

海の宮島、山の帝釈。千年後、国定公園が世界遺産と成り得る集落の素体を点在型美術館として能記した。建築家や施主の傲慢な恣意性によって創られた建築はあくまで部分最適であり世界から人々を引付けるまでの価値を生みにくい。しかし限定的な地域に於いて場所性を能記した育まれる建築群は場所の価値を育み、世界を引付ける価値を生む。全時代性を持つ育まれる建築は、その内部で時代の恣意性を内包し、外構で場所性を能記する。

■場所性の必要性

建築は言うまでもなく建築家だけのモノではない。かといって建築は施主だけのモノでもない。建築つくることは必然的に社会と接続することを意味しているし、社会との接続から現れてくる建築は前向きなものでなくてはならない。しかし市場原理主義の加速によって近年の日本の都市における建築の振る舞いは場所の表現を放棄した画一的な景観を形成している。私はそうした景観に疑問を抱いている。建築がそれぞれの土地で固有の振る舞いを見せることができるならば、そうした建築景観は地域の印象を唯一無二のものにする。

■育まれる建築

地方観光地は経済活動の末端にあり、時代の変化に取り残されやすい。地方に必要なのは用途変更を前提としないトップダウン的で即物的な「与えられる建築」ではなく、時代とともに可変可能でありながら低資金で継続的に建設可能な「育まれる建築」である。伏見稲荷神社の千本鳥居は今ではトップダウン的な建築に感じられるが、鳥居ひとつひとつは数万円の寄付によって建てられている育まれる建築である。小さな投資の積み重ねが場所だけの空間を作り上げている。

■敷地／比婆道後帝釈国定公園＿神龍湖

敷地は広島県の国定公園の中にある神龍湖である。神龍湖周辺は帝釈峡と呼ばれ、下帝釈は石灰岩の絶壁になっており、上帝釈は2.5kmにおよぶ遊歩道と世界三大天然橋がある。その間に今回の対象敷地である神龍湖がある。神龍湖は1924年に造られたダムで紅葉の美しさで有名な観光地である。

□ 敷地調査

中国山地一帯は石灰岩地帯で良質な石灰岩が豊富に採れる。対象敷地周辺5km圏内には6つの石灰岩採石場が存在する。
また敷地から直線距離で22km程離れた場所には、日本最大のろう石の採掘場がある。
ろう石と石灰岩を粉砕し混ぜ合わせて加熱すると水和反応で固まる素材になる。これを白色セメントという。
日本で白色セメントを生産している会社は広島県の山陽白色セメント株式会社の一社だけである。

神龍湖に点在する建築のほとんどが崖地を敷地としている。
崖地への建築は建設時の足場づくりに危険が伴う。
さらに神龍湖は国定公園の一部なので土地改良は最低限に留める必要がある。

■自然的環境文脈／シニフィエ①

敷地周辺にはホワイトセメントの原料となる「ろう石」と「石灰岩」が存在する。その石灰岩は結晶質石灰岩という特徴を持っている。また、結晶質石灰岩は圧縮力に弱いため構造材としてではなく仕上げ材として検討を行う。

蠟石＋石灰岩→白色セメント

結晶質石灰岩

■人工的環境文脈／シニフィエ②

この敷地にはもともと、560年以上受け継がれてきた比婆荒神神楽がある。この神楽は33年式年のなかに5つの節目年を持つ独特な式年を有している。これらのコンテクストを素にこの場所独自の建築の表現と施工方法を検討した。

■シニフィアン

この場所特有の素材であるホワイトセメントと結晶質石灰岩でモックアップのスタディを行った。粒度と仕上げの違いで様々な表現が得られる。プレで作り打ち込む工法を使えば様々な表現が可能となる。不良ストックが建っている敷地は崖地に面しており、足場の設置が困難である。また国定公園なので敷地外をできるだけ改変しない工法が求められた。一年に一段ずつ打設する場合にはアラミド繊維やカーボン繊維などで現場打のプレストレスによって強度を確保する。それぞれの建築は式年神楽にあわせて竣工する。

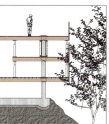

□ シニフィエ／シニフィアン

シニフィエ（所記）とシニフィアン（能記）は言語学者ソシュールによって定義された言葉である。例えば我々の使う日本語では、海という概念を「うみ」と発音し、「海」と漢字で表記しする。しかし我々が海という概念を海と表現する必然性はない。もし必然性があれば全世界で海は「うみ」と発音される。これを「記号の恣意性」と言う。しかしながら日本語で海を海と表現するのは必然的である。つまり必然性がないにも関わらず、それが「了解される体系、すなわち「日本語」という体系の中では必然化される。そして建築も同じように「帝釈峡」という体系のなかで帝釈様は必然化される。私の提案する場所性のシニフィアンとしての建築とは、ある場所における建築の恣意性が必然化した体系によってデザインされたものである。

■2017年／第一美術館 竣工

第一美術館は33年式年のうち、7年目に行われる4日間に及ぶ大神楽と同時に竣工する。この敷地は神龍湖において中心的位置にある。祭事の後は神龍湖を望む展望台・市民ギャラリーとして活用される。建築の持つ祝祭性が比婆荒神神楽を後世に伝える助けとなる。

■2019年／第二美術館 竣工

写真の奥に見えるのが第二美術館である。第二も竣工時に四日間にわたる大神楽が行われる。第一、第二の屋根は互いに呼応するように軒が反っている。2つの建築が互いに同質の建築体系によって造られていることを語っている。

□貴金属比／私意性と必然性

式年によって何百年も受け継がれる建築を考えるとき、私は私自身の恣意性を抑制すべきだと考えた。神楽は神道の一部である。そこで自然界の数式で美しいことが知られている貴金属比によってボリュームを導きだす。貴金属比は以下の式で表される。

$$1 : \frac{n+\sqrt{n^2+4}}{2}$$

貴金属比で最も有名なのがn=1で表される黄金比である。第一貴金属比である黄金比は第一美術館の設計ベースとなる。その他の美術館もそれぞれの貴金属比によって構成されている。またそれぞれの開口部や屋根形状の比率など、そのすべてが5つの貴金属比との掛け合いによって決定されている。そして「n=0」である「1:1」は帝釈大社・比婆荒神神楽殿本殿の造形論理として用いられる。
この思想によるデザインは自然界と先祖に敬意を持った神道の建築を考える上で重要である。

■2023年／第三美術館 竣工

第三美術館は33年式年のうち、13年目に行われる神楽と同時に竣工する。祭事以外では遊覧船乗り場、展望休憩所、美術館として運用される。

■2027年／第四美術館 竣工

第四美術館は33式年のうち、17年目に行われる神楽と同時に竣工する。既存の駐車場を広場としたので5つの神楽殿の中でも最も観客を動員できる。毎年の神楽のイベントは第四美術館で行われるようになる。

■2043年／第五美術館 竣工

第五美術館は33式年のうち、33年目に行われる神楽と同時に竣工する。この美術館は2つ重なる古い隧道を再活用して作られる美術館である。33連のふすまによって入り口から奥へ下るシンプルな構成をしている。襖で区切られた空間は式年ごとに生まれる芸術品などを展示している。下の隧道は倉庫として使われる。

■持続可能性／帝釈様建築

今回は点在型美術館として提案しているが、時代の変化によって財政破綻する場合もあり得る。そうした時は式年に合わせてプログラムを変えていく。例えばSOHOの事務所別荘として貸し出したり、旅館として運営するなど様々なプログラム変化が予想できる。そのときに効果を発揮するのが打設時に開いた足場の穴である。ここではクサビによる乾式工法を採用しているので梁の出し入れができる。私の提案する点在型美術館では、木材ブロックを穴に入れることで美術品をかける壁となる。その時代の建築家によっては穴を利用して外構にカーテンウォールを用いることもできる。このように躯体を傷つけずに様々なプログラムへの対応が可能になる。またこの穴の規格を統一する。規格化されたLVLとすることで建物間で共有することができる。プログラムが変わるごとに出る使わないLVLは、同様の工法で新たに建てられる住宅に安く提供される。またコンクリートなので木造に比べ固定資産税が高くつく。そこで県の条例によって帝釈様建築の固定資産税引き下げ措置を行う。そうすることで帝釈様建築が分布していく。このような法的アプローチは自然公園法や条例によって保護されている国定公園でこそ効果的に機能する。

■3099年／帝釈大社・比婆荒神神楽殿本殿 竣工

コンクリートの躯体は100年程度で中性化していく。そこで99年目(33年式年×3周期)に躯体を解体し、造り直す。解体時にでたコンクリートは再骨材として湖底に打設する。だいたい湖底から水面までの距離を40mと仮定して99年ごとに4mずつ打設していく。そして99年を11回繰り返した1089年後(33年式年×33周期)、湖底から帝釈大社・比婆荒神神楽殿本殿が姿を現す。

■育まれる建築

帝釈峡という場所で生まれた素材が帝釈の集落で育まれ、再び地形となり場所を生み出す。比婆荒神神楽は氏神、つまり祖先神を祭る政である。560年以上前から育まれた無形文化が再び千年の時を越えて育くまれ、有形を獲得していく。育まれる建築は過去、現在、未来を紡いだコミュニケーションであり、場所を示すシニフィアンである。

Presentation
of the Finalists

—

Presenter
ID:O55

私が提案する敷地は広島県にある国定公園の中にある神竜湖です。神竜湖周辺は帝釈峡と呼ばれ、下帝釈はご覧のような石灰岩の絶壁になっており、上帝釈は2.5キロに及ぶ遊歩道と世界三大天然橋があります。その間に今回の対象敷地である神竜湖があります。神竜湖は1924年に造られたダムで公園を美しくしたといえる観光地ですが、観光施設群の老朽化や上帝釈と神竜湖を結ぶ遊歩道がガケ崩れで通行止めになったことで観光地としての力が弱まっています。そこで私は神竜湖の遊歩道を美術館の回廊と捉え、興行などと共にアートも楽しめるような点在型の美術館を計画しようと考えました。しかし、地方観光地で求められる公共施設は、用途変更を前提としないトップダウンな与えられる建築ではなくて、時代変化とともに可変可能でありながら、持続的に建設の可能性が育まれる建築だと考えました。そこで場所性の調査を行いました。敷地周辺にはホワイトセメントの原料となる、ろう石と石灰岩があります。その石灰岩は化粧石灰岩という特徴を持っています。また、この敷地には元々560年以上受け継がれてきた比婆荒神神楽があります。この神楽は33年式の中に5つの節目年を持つ独特な式年を有しています。このようなコンテキストを元に場所独自の建築の制限と施工方法を検討しました。化粧石灰岩は圧縮力に弱いため、工業材としてではなく仕上げ材として検討します。まずこの場所特有の素材であるホワイトセメントと化粧石灰岩のモックアップでスタディを行いましたが、ディテールと仕上げの違いで様々な表現が得られました。しかし、現在の敷地は、崖地に面しており、足場の設置が非常に困難です。また、国定公園で敷地以外で出来るだけ改変しない工法が求められました。それで設計したのがこの工法で、最小限の敷地を覆った後、型枠に足場を直接固定します。そして1段ずつコンクリートを打ち込みます。一度に躯体すべてを打ってもいいのですが、地方観光地ですので財政状況によっては予算を得られない場合を考えてこういう工法をとりました。1段ずつ行う場合は、アラミド繊維やカーボン繊維などで場所打ちのプレストレスで強度を確保します。このような工法で建てられた建築を帝釈峡にちなんで帝釈様建築と呼ぶことにします。いずれにしても敷地内階段にあわせて竣工するようにします。竣工するとそれを祝うため4日間に渡る大神楽が開かれます。建築の持つ祝祭性が比婆荒神神楽を後世に伝える助けとなります。その後は点在型美術館として機能します。対岸から見た第一神楽殿、第一美術館と第三美術館です。第二美術館も同様に、竣工時は神楽を踊り、後は美術館として運営されます。このようにして5つの建築が完成します。私は今回は点在型美術館として提案していますが、時代の変化によって財政破たんをすることもあるかもしれません。そうした時は式典に合わせてプログラムを変え、例えばSOHOの事務所別荘として貸し出したり、旅館にしたり、様々なプログラムが予想できます。そのときに効果を発揮するのが、打設時に空いた足場の穴です。ここでは楔による乾式工法を採用しているので、梁を入れたり出したりすることができます。木材ブロックを穴に入れることで、美術品を掛けられる壁としたり、穴を利用して外構にカーテンウォールを用いることもできます。また、穴の規格を統一し、規格されたLVLとすることで建物間での共有ができます。また木材ですのでコンクリートに比べて固定資産税が安くつきます。一方、コンクリートの躯体は100年程度で中性化していきます。そこで99年ごとに躯体を解体し、作りなおします。解体時に出たコンクリートは細骨材として湖底に埋設します。大体湖底から水面までの距離が40メートルと仮定して、99年ごとに4メートルごとに埋設していきます。そして、99年を11回繰り返した、つまり、33年式年を3回繰り返した1089年を湖底から比婆荒神神楽本殿が凝出します。私はここから何百年と育まれていく集落の素体のデザインを設計しました。

Selection
of Award Winners
—
受賞者選抜議論

審査員：施工のシステムとかを含めて誰かと協議したの?
宮野：ヒントとしてはピーター・ズントーの教会ですね。
審査員：どこの教会?
宮野：ブリューダー・クラウス。あれのモルタル模型を作ったんですけど、それの影響がかなり大きいです。
審査員：この屋根を描いたメッセージはどういうことなの?
宮野：この屋根は僕の恣意性です。これは帝釈様建築ではありません。例えば、この屋根を取っ払って、建築家によってはガラスのボックスをここに挿入したり、ファサード、先ほど第二神楽殿で見せた、表面にファサードを置いたりすることもできます。それは建築家の恣意性で、僕が設計した、場所性として能記したいのはこの躯体になります。
審査員：1000年後、この地域の人が、これをありがたいと思って継承していくほどの凄みを持つのかな?
宮野：神楽の代表の方とお話しする機会があったんですけど、神楽はご先祖様とのコミュニケーションだとおっしゃるんですね。僕たちがいずれご先祖様となるわけじゃないですか。だから僕たちは、神楽を踊ってくれる未来の人に対してメッセージを送るべきだと計画で思ったんですね。で、この埋設していく――第零神楽殿って呼んでいるんですけど、この躯体の中、入れるようになっているんです。この中に例えば99年間で伝えてきた人のメッセージだったり、ご先祖様に対するものを、4面ある壁のうち3面に、33年ごとにメッセージを書く。これ人工湖なので、全部水を干上がらせることが出来るんですよ。
審査員：うん。1000年前の記憶がそこに残るんだ。
宮野：はい。湖底干上がらせたら、そこでも神楽ができます。
審査員：格子状に入っている、ここに考えていることはある?
宮野：構造はここで持つようにしているんですけど、ガラスを持たせるためにここで。
審査員：なるほど。計画はちゃんとしているね。
宮野：実は金属比によって出来ているんですよね。第一神楽殿は、この絵のような値を1にすると、黄金比になります。第一神楽殿を黄金比で構成します。神楽っていうのは神道なので、自然崇拝だったり先祖崇拝、金属比っていうのは自然界にある法則式なので、それを持ってくるのは、自然なことなのではないかと…。ピラミッドとか。第二神楽殿は白銀比で出来ています。絵の値を2にすると、かぶっているんですけど…。第三神楽殿は絵の値を3にして、ブロンズ、青銅比って呼ばれています。第四は絵の値を4にして。第五は開口が第五貴金属比によって出来るようプロポーションを持つようにしています。
審査員：第零神楽殿には型枠かなんかがずっとあるわけ?
宮野：そうですね。型枠はある程度で、一般的な住宅がこういう帝釈様建築で作られると規格は転用できます。
審査員：本当に1000年後に残るために君がどういう工夫をしているのかがイマイチわからない。1個1個丁寧だけど、1000年という大きなスケールに、何が君にとって重要でどういう工夫をしたのか、アイデアも寄せ集めたみたいに感じる。
宮野：今すでに無形の状態で560年もっているので、神楽は。建築式祭のような有形と合わせたらもっと強く後世に残っていくんじゃないかと。
審査員：イマイチこの絵が魅力的に見えなくて、神楽が行われる、受け継がれていく舞台がこれなのかと納得いかない。
宮野：これは受け継いでいくための一時的なものです。第零神楽殿が本殿です。
審査員：第零神楽殿だけ作ればいいんじゃないの?
宮野：あー、でもここに不良ストックがあるんですよ。
審査員：地元の材料を使う工法はいいですが、湖があって、地形もあって、そこにベストな建築をその工法で提案してほしいんだけど。その魅力がないから、本当に33年とか99年とか繰り返し作っていくかなと。
宮野：僕はこれがベストだと思っています。スタディも繰り返して、屋根の形状も初めは直線だったんですけど、自然と調和するような反りを取り入れて、きれいだなと思います。

優秀賞 THE EXCELLENCE AWARD / JIA賞 JIA AWARD

ID:055

佐賀大学　4年生

宮野 弘詩
Hiroshi Miyano

クリティーク山下の作品講評　Evaluation

宮野君の作品は、学生とは思えない多様性と密度感がある。敷地の中に建築を配置していくのみならず、その土地の持つ歴史性を踏まえていること、さらにその地域の住民たちと建築の循環を実行するための「祝祭」という大きな仕掛けを作ったことは、特筆すべきである。
同時に、その地域特有の素材の調査・分析を行い、モックアップまでも作った密度の高いプレゼンテーションは、私たちプロをも驚かせた。将来が楽しみな学生である。

受賞者アンケート　Winners questionnaire

□デザインレビューに出展したきっかけ
レビューは実行委員長とかもやってたんですが、高専にいた頃から知っててずっと参加したかったので。

□印象に残ったクリティークからの一言
自分の信じたことを自信持ってやりなさい。自分の信念を突き通すこと。(いつも自信がある時とない時で上下が激しくて、やっぱり自分の敵は自分であるところが大きい。)

□作品制作のスタンス
その場所でしか出来ない建築とは何だろう、とずっと考えていて、その場所でしか出来ない建築、素材と伝統というものを大切にしていきたいというのがスタンスです。

□自身の強み
今回、卒業設計のための卒業設計ではなくて、実際の仕事を獲得するための卒業設計を目指しました。修士に進んで、あれを県に発表して実際に一つでも建てさせてもらえるとか、そういうふうに将来の仕事につながるような卒業設計を目指したので、そこは他の卒業設計の人とは違う強みだと思っています。

□模型制作費／構想・製作期間／製作を手伝った人数
制作費5万円／23年愛着のある場所・3カ月／2人

□使用パソコン／ソフト
Mac／photoshop・vectorworks

□製作中つらかったこと
眠たかったこと。

□好きな建築／建築家
テルネ／ピーター・ズントー、長谷川 豪、オルジアティー

□建築を始めようと思ったきっかけ
中学校のときに彫刻刀で木の箱をつくる授業があったんだけど、そのときの達成感、それと彫ってる時にすごく楽しいなと思って、突然「建築をつくったらこれ以上ない達成感が味わえるんじゃないか」というようなことを感じて、その時から建築を意識し始めました。

□これからの目標
今回の卒計を次につなげること。

□今回の失敗したこと、反省したことは
片付け。

□入選した感想
本当に嬉しい。お手伝いをしてくれた二人に感謝します。

□最後に、来年出展を考えている後輩へコメント
育まれる建築は可能性があるので是非考えてみてください。頑張ってください。

優秀賞
THE EXCELLENCE AWARD
ID:015

伊達 一穂
Kazuho Date

九州大学
2年生

Project

境内の軌跡

敷地である大分県日田市豆田町はかつて天領日田として栄えた城下町であり、現在は重要伝統建造物群保存地区に指定され、今でも江戸時代のような町並みが大切に保存されています。しかし、観光地として復興するがゆえに綺麗に保存された町屋の裏側はすごく雑に扱われていました。このような敷地にひっそりと佇む小さな神社に注目し、境内空間を再構築することで新たな町屋と町屋、人と人との関係を更新していきます。

境内の軌跡

町屋と町屋の間にぬける細い路地は
高い空につながっていて、
そこはどこか
自分の家の一番
気に入っている場所のようでした。

町を駆け巡る細い水路は
どこまでもつながっている。

ひきつけられるようにたどっていくと
そこには人々の生活の跡が散りばめられていて、
まるでこの町の道しるべのようでした。

町の中には小さな神社がひっそりと佇んでいて、
この町をいつまでもやさしく見守り続ける。

町をかたどる一つ一つのものがにじみだして、
今まで息を潜めていたものは
ゆっくりと呼吸しはじめる。

そうしてこの町はまた新たな軌跡を紡いでいく。

敷地である大分県日田市豆田町はかつて天領日田として栄えた城下町であり、現在は国の重要伝統建造物群保存地区に指定され、今でも江戸時代のような街並みが大切に保存されています。しかし、観光地として復興するがゆえに綺麗に保存された町屋の裏側には大きな駐車場の空白が存在していました。そのような敷地にひっそりと佇む小さな神社を起点に、駐車場を大きな境内空間へと転換することで、新たな町屋と町屋、人と人との関係を更新していきます。

■対象敷地

日田市には歴史的な街並みが保存され、観光地としての役割を担う豆田地区と隈地区、繁華街の役割を担う駅前中心地区、行政機能や学校等が集まる平和通り地区で構成されています。このため、立地上、観光地として特化した豆田地区は地元民が頻繁に車で通過するため、歩行者にとっては、かなり歩きにくい場所になっています。また、地元民の対流する場所も数少ないため、平日は伝建築の中をたくさんの車が通過するだけの風景が広がります。

■敷地のコンテクスト

敷地として選んだ場所は、外周部を伝建築で保存された駐車場です。このような敷地に10年ほど前、広瀬淡窓さんの家系が保有している源兵衛稲荷神社が移転されたため、神社は駐車場の中にポツンと佇むようになりました。そのため、この神社には、本来たくさんの樹木などでつくられる閉鎖的で神聖な境内や、神社への参道が存在しません。しかし、駐車場の回りを町屋で隙間なく囲まれているため、この場所は広々としているのに閉鎖的で静かであり、偶然、どこか境内的な空間にすでになっていると感じました。このような敷地に、学生、子供、観光客、周辺住民が集えるような新たな境内空間を提案します。

■全面道路と境内、既存の伝統家屋との関係性

1 受付
2 会議室
3 郷土資料室
4 ダイニングテラス
5 図書室
6 野外劇場
7 市場
8 読み聞かせ室
9 集会所
10 町の案内書
11 読書スペース

■ダイアグラム1/境内の塀の設計
▼中心の神社を核とした境内空間を作るために、全面道路での大きな人の流れと町屋間での人の流れを結び付ける境内の塀を設計します。

神社の回りの駐車場と塀を開放すると、コンクリートで隠されていた水路の軸、町屋間に存在していた小さいけど濃いコミュニティ、道路を歩いている時に見える人が通るほどの細い路地、観光客の人が通過できる新たな動線が浮かび上がってきます。

中心の神社から同心円状に広がっていくような建築を考えます。

それぞれの円状のラインに外周部の町屋内部に存在しているプライバシーのヒエラルキーとグラデーションになるように、新たな都市のプログラムを落とし込んでいきます。

駐車場を取り払ってできた水路の軸、人の動線、町屋間のコミュニティが存在する場所にしたがって、建築内部にヴォイドをぬいていきます。それぞれのラインの特徴がそのヴォイドを起点に混ざりはじめます。

■ダイアグラム2/住宅の設計　新たな境内空間と前面道路との接点となる住宅を設計します
▼既存の建物の中には伝建築以外に、古くて使われなくなった大きな工房や離れなどがあります。そのような場所を中心に全面道路と境内空間をつなぐ住宅を設計します。

赤い部分が豆田地区の景観を形成している伝統家屋

既存の建物の中には伝建築以外に、古くて使われなくなった大きな工房や離れなどがあります。そのような場所を中心に新たな境内と全面道路をつなぐ接点となる住宅を設計します。

境内の塀と接点となる住宅を結び付けていきます

新しくできたものと既存の伝統家屋は相互に補完しあい一つの大きな境内の塀になります。大きな塀は境内空間への多様なゲートになるため中心の境内では様々な人が多種多様な使い方をするようになります。

受賞者紹介　Prize Winners　　066

■ 境内と住宅との断面関係図

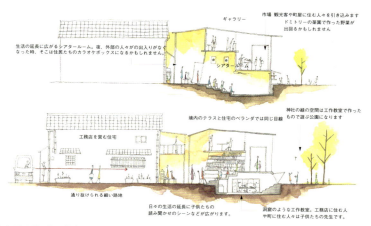

■ 新しくできるそれぞれの住宅

これまで住宅の裏側だった空間は新たにできた境内によって表の空間になります。このようにしてできた新たな敷地に今度はその表と表の空間をつなぐ接点となる住宅を設計していきます。

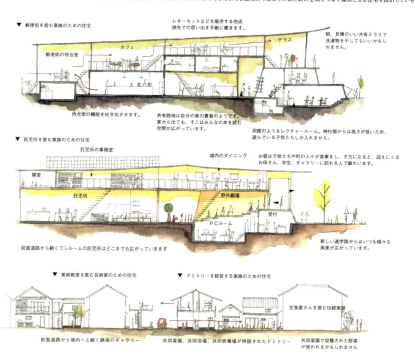

受賞者紹介 | Prize Winners

068

Presentation
of the Finalists

Presenter
ID:015

敷地は大分県日田市の伝統建造物群保存地区である豆田地区の一画です。町屋と町屋の間を抜ける細い路地は高い空につながっていて、そこは自分の一番気に入っている場所でした。まちを駆け巡る細い水路はどこまでもつながっています。惹きつけられるように辿っていくと、そこには人々の生活の跡が散りばめられていて、まるでこの街の道しるべのようでした。しかし、この敷地は観光地として復興せざるを得ない経済状況のなかでもがいています。様々な生活が溢れているような細い路地の先には、大型の観光地の駐車場が広がっています。町屋ならではの職業と住宅のヒエラルキーの先には、荒れ放題の空き地や使わなくなった大きな工房や離れなどが広がっています。そのような、住人にも観光客にも忘れ去られたような敷地に小さな神社は佇んでいます。ただ、境内も参道もない駐車場に佇む小さな神社ですが、周囲を伝建築で保存しているため、その場所はすでにどこか閉鎖的で静かな境内的な空間になっていました。そのような伝建築の観光地でしか生まれないような場所に、新たなプログラムをもつ境内空間を提案します。新たな境内空間は、住民にさまざまな風景を映し出します。工務店を営むおじいちゃんとおばあちゃんの生活の延長には、子供たちの読み聞かせの空間が広がっていて、さらに先に進むと、今まであまり見ることのなかった学生と知り合いの友達が同じ机で喋っています。そのときには、自分たちがもつ子供たちの工作教室など広々とした緑の空間が広がっています。境内では神社でお参りしている観光地の人や住民の人たちがいます。境内に沿って同心円状に進んでいくと、今まで近くに住んでいた人と、新しくこの場所にやってきた人たちが買い物をしています。町屋と町屋の間からは細い路地があって、神社に向かって突き抜けています。細い水路は神社の参道となり、この街の道しるべとなっています。これまでの景色と新しい景色が広がるような、この町に住む人が見たことのない、この敷地でしか見ることができない新しい境内空間を提案します。

Selection of Award Winners

受賞者選抜議論

審査員：伝建築の間の重要じゃないもの、あるいはよくない建物を5つくらい壊していますが、設計するにあたって、どういうデザイン的な配慮をしたのか説明してください。

伊達：たとえば、ドミトリーを経営する家族のための住宅として設計したところは、伝建築の奥に使われていない工房があって、そのせいで荒れ放題の空き地になっているんです。ここをL字で囲んで境内と繋いで荒れ地を菜園にして、ドミトリーに訪れてきた人たちや住民たちが使えるようにしました。

審査員：ここに劇場のようなものがあるけど、これはなに？

伊達：この境内が広がっていって、住宅の先に子供のための劇場、横に進むと絵本の読み聞かせの場所があり、その延長にまた境内があって、既存の住宅の先にまた境内があって、それが町屋ならではのヒエラルキーと繋がって新しい空間が生まれています。伝建築でしか生まれない、今まで見たことなかった境内の空間をこの街区の建物と新しい境内全体でつくり、歩行者の動線などを引き込みたくてつくりました。

審査員：このあたりを簡単に説明してもらえる？

伊達：それは芸術家の人が営む美術教室が入っている住宅で、伝建築を通って行ったら細い路地が中に広がるんですけど、路地からどんどん天井が上がっていって軒下のような空間になって、そこを抜けたら横に住民たちの共有空間があって、先に進むとシアタールームがあって、使う人がいなくなったらカラオケボックスになったりします。こちらは周りの環境からセットバックした新しい郵便局だったんですけど、建物をどんどんセットバックさせていって境内に繋げて、そこに新しい郵便局のカフェだったり、レターセットだったり手紙を書けるような空間をプログラムを落とし込んでいって、全面道路のにぎやかな部分からなかにできる新しい境内の空間に導くようにします。そこは、定食屋さんの離れなんですが、その離れが全然使わずに物置小屋のようになっていて、その奥の庭がすごく雑然とした空間になっているんです。離れをピロティのある茶室にして、定食屋さんを営んでいる人が使えたり、将棋をさせる空間になったり、住宅と新しい境内をうまく融合させたいんです。

審査員：これはみんなに注目してほしいような神社なのかということと、静かだったのにうるさくなって住民は嫌なんじゃないかということを聞きたいです。

伊達：この神社はもともとここにあるものではなくて、この土地の所有者が駐車場に神社を持ってきてしまったんです。お客さんを引き込みやすいようにどんどん駐車場が浸食しているなかで、こういう神社と駐車場が一体となっている無理があるような敷地が、新しい境内のような空間になっていったらすごく面白いんじゃないかと思いました。豆田地区全体を見ていたら、すごく細くて高く抜けた路地がたくさんあって、そこに人々の生活が溢れだしているんです。その空間の先が観光地の駐車場だったり、つまらないものになっているのが僕としてはどうなんだろうって思って。その先がみんなの共有の本棚だったり、子供たちに本を読み聞かしている場所だったり、今まで全然子供たちや学生たちがいなかった豆田地区にそういう空間が広がっていたら面白いんじゃないかって思いました。ここの人たちって、観光地として使われているからほとんど住んでいなくてつまらない場所になっていると、僕は勝手に解釈しました。外観の伝建築をきれいに保存することのみを考えているような、そういう敷地だと思ったので、こういうものがあってもいいんじゃないかなって思いました。

審査員：人がいないようなところで賑わうようなことするの？

伊達：でも、もともと人はいるので、そういう土地にポテンシャルがあるなって思ったので、日田市全体には…。そういうところから、どんどん人が流れ込んで来たら、車だったり、駐車場ばっかりあった伝建築の土地が、子供や学生や老人が溢れるような。この敷地だけじゃなくて、日田市全体でもっと色々な動線が混ざり合うような空間になるんじゃないかって思いました。

優秀賞
THE EXCELLENCE AWARD

ID: 015

九州大学　2年生

伊達 一穂
Kazuho Date

クリティーク長谷川の作品講評　Evaluation

最初の事前審査のときから気になった作品だった。思考の濃密さがシンプルなプレゼンテーションから十分に伝わってきた。驚いたのは、伊達くんがどんどん化けていったことだ。ポスターセッションではモジモジしていて大丈夫かな？と正直心配だったのだが、二次審査と決勝審査で、誰に何を質問されても、もの凄い密度で返答してくる。モジモジする伊達くんはもうそこにはいなくて、なにかに取り憑かれたかのように語るその姿に、僕は驚いた。それは伊達くんが答えているというよりも、プロジェクト自身が伊達くんを介して答えているようにさえ見えた。それくらいに彼と彼の作品は一体的であり、群を抜いて素晴らしいと僕は思った。そしてなんと、まだ彼は学部2年生。卒業設計も期待しています。

受賞者アンケート　Winners questionnaire

□印象に残ったクリティークからの一言
クリティークの方にファイナルでの質疑応答で、見違えるほど良くなったって言われたのがすごい嬉しかったです。

□作品制作のスタンス
今回は敷地調査をすごいよくしててそれをすればするほど自分が知らなかったことや面白いことが湧き出るように出てきて、そういうのを1つ1つ建築の形に置き換えるのが今回はすごく面白かったです。

□自身の強み
特にわからないです。まさかこんなことになるとは思ってなかったので…

□模型制作費／構想・製作期間／製作を手伝った人数
制作費3万円／6カ月・6カ月／5人

□使用パソコン／ソフト
Windows／illustrator・photoshop

□製作中つらかったこと
寝落ちしたりしたときはさすがにへこみました。
あと今日とか。今日一番へこみました。

□好きな建築　建築家
ウィークエンドハウス／西沢 立衛

□建築を始めようと思ったきっかけ
西沢立衛さんのニューヨークのビラっていう作品を見て、建築ってこういう世界なんだなって思って。

□これからの目標
目の前の課題に集中してこれからもがんばりたいと思います。

□今回の失敗したこと、反省したことは
最初のプレゼンの仕方が良くなかったんだなってすごい感じました。もっとわかりやすい伝え方とか勉強したら、もっと分かってくれたのかって思いました。

□入選した感想
夢みたいです。ありがとうございます。

□最後に、来年出展を考えている後輩へコメント
がんばってください。

優秀賞
THE EXCELLENCE AWARD

ID:076

山本 将太
Yamamoto Syota

名城大学
4年生

Project

記憶の祝祭

東日本大震災と同規模の津波は千年に一度の周期で訪れる。しかし、今日の被災地で行われるまちづくりは、震災の記憶を排除し、現代の人々のみに住みよい街が構想されている。記憶の排除は長い時間の中で震災を忘れてゆくのではないか。震災の記憶を実体としてではなく、人の行為として残す"祝祭"を気仙沼市鹿折地区の第十八共徳丸解体のアナザーストーリーとして提案する。

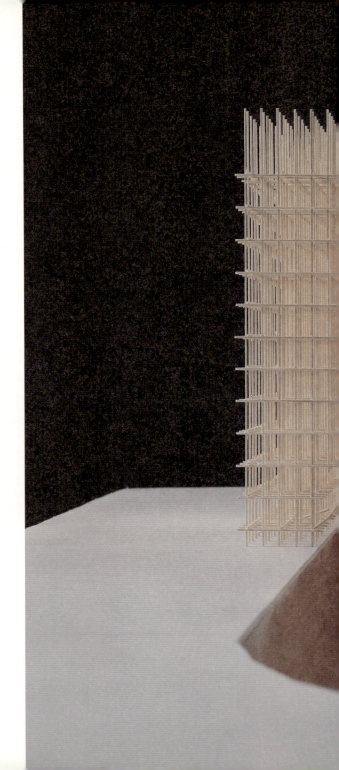

受賞者紹介 | Prize Winners

■ 宮城県気仙沼市鹿折地区

鹿折は気仙沼湾の奥湾に位置し、東日本大震災において、震度6弱、浸水高10mを超える津波に見舞われ、沿岸部の市街地は甚大な被害を受けた。津波により、建物が流されるほか、湾に停泊中の漁船等も陸へ流され、そのまま取り残されてしまったものがある。停泊中の第十八共徳丸も津波に流され、陸上に取り残されたもののひとつである。

[第十八共徳丸]

第18共徳丸は、全長約60m、総トン数約330tの巻き網漁船である。被災時は気仙沼漁港に停泊していたが、北へ約550mに位置するJR鹿折唐桑駅前まで流された。震災後から震災遺構として保存する事を検討されていたが、地域住民からの反対を受け2013年10月19日に解体された。

震災の象徴
その巨大さからや場所性により、震災の象徴として鹿折を訪れた人々へ津波の威力を伝えていた。

追悼の場
震災の象徴としての役割を持つ共徳丸は津波により親族を失った人々にとって追悼の場ともなっていた。

■鹿折の現状:失われた震災の記憶

現在復興に向かっている鹿折の町は共徳丸をはじめ、被災した建物や基礎などの「震災の記憶」を排除し、現代の人のみに安全で住みよい町がつくられようとしている。しかし、東日本大震災と同規模の津波は1000年に1度の周期で訪れると言われており、記憶の排除は千年後同じ悲劇を繰り返すのではないかと考える。

■ 提案

第十八共徳丸解体のアナザーストーリー
新しく生まれ変わる鹿折の街に
千年後へ震災の記憶を伝えるための祝祭を提案する

共徳丸のネガ
震災の記憶を色濃く残した共徳丸の存在を、
実体としてではなくネガとして残す。

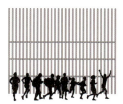

記憶を伝える祝祭
共徳丸のネガをつくる行為を祝祭とし、
この地域の伝統として継承していく。

■ ダイアグラム

共徳丸は津波の威力をこの3つの要素により伝えていた。
・全長60mという「スケール」
・総トン数330tという「重量」
・海岸から500mという「距離」
これらを1000年残る手法で再現し、祝祭の場や行為をつくる。

スケール
全長60mという「スケール」を残す。この場所もTP+3.0~5.5mの嵩上げが行われる。それに伴い、共徳丸の下部を土に埋め「地形」をつくる。共徳丸のスケールをそのまま残し、強く固められたこの地形は「物質的強度」により、1000年この町に残る。

重量
この重量を体感するために総トン数330tの「山車」を祝祭に引き出す。この行為により、津波の威力を人間の数や要する時間に換算する。分割し、人間の運べる重量へと変える。これらの山車は祝祭が行われる度に組立・解体が行われる。この「更新」により1000年残る。

距離
この距離を祝祭時に山車を引くための「道」として再現する。この道を山車を引いて歩く事によって重量と距離を体感する。祝祭を行うための重要な道であるため、この道上への建築を禁止するルールを設ける。この「制度」によりこの道は1000年残る。

■ 断面パース

1000年という時間の中で、地形は朽ち、街の風景は変わっていきますが、1000年変わらない共徳丸のネガは、この祝祭の意味を後世へと語り継ぎ震災の記憶は受け継がれていきます。

■ 山車平面

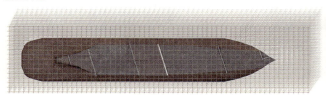

■ 山車立面

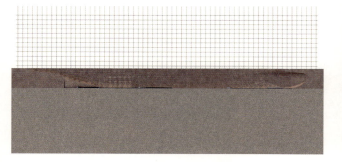

■ 祝祭平面

祝祭は20年に一度行われる。海で組まれた山車を共徳丸の地形へと運ばれ、道は都市計画道路とは関係なく海岸から直線で結ばれている。祝祭の日のみそこを通る人や山車によって道として出現する。

受賞者紹介 | Prize Winners

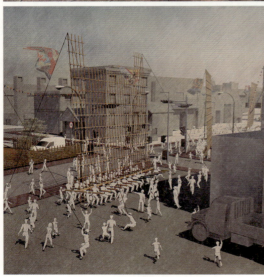

上／地形内部パース
山車が組み上がることで完成する共徳丸のヴォイド。震災当時の地面の高さ、道路や建物の基礎をそのまま残している。

左／祝祭パース
最長14mの山車を地域の人々の手によって運ばれる。住み慣れた街を巨大な山車が通る非日常な風景はこの街の人々の記憶へ強く刻まれる。

右／日常パース
共徳丸の下部を型取ったくぼみは1000年という時間の中で不自然ながらも当然のように存在する。

Presentation
of the Finalists

Presenter
ID:076

3.11の被災地における失われた震災の記憶を構成と受け継ぐ提案を行います。タイトルは「記憶の祝祭」です。敷地は宮城県気仙沼市鹿折地区を対象にしています。鹿折は気仙沼湾の奥湾に位置し、3.11の震災において甚大な被害を受けました。津波によって流れ着いた第18共徳丸が保存されていた街として有名です。共徳丸は震災の象徴として訪れた人に震災の、津波の脅威を伝える役割を持ち、被災した人々にとっては追悼の場となっていました。しかし、住人の反対を受け、2013年10月19日に解体されてしまいました。現在復興に向かっている鹿折の街は震災の記憶を排除し、現代の人のみに安全で住みよい街が作られようとしています。しかし、東日本大震災と同規模の津波は1000年に一度の周期で訪れると言われており、記憶の排除は1000年後に同じ悲劇を繰り返すのではないのかと考えます。新しく生まれる、生まれ変わる鹿折の街に1000年後の人々に震災の記憶を伝えるための祝祭を提案します。私が設計したものは、震災の記憶を色濃く残していた共徳丸の存在の根と、その根場を作るための人の行為としての祝祭です。まず共徳丸が持つ津波の威力を伝える3つの要素を抽出します。これらを祝祭の中で1000年残る手法で再現します。1つ目は、全長60mというスケールです。修正区域で行われるファサードに伴って、共徳丸の下部を土に埋め、地形を作ります。その後共徳丸を解体し、共徳丸のスケールをそのまま残し、強く固められたこの地形の物質的強度により1000年間残り続けます。2つ目は、総トン数330tという重量です。この重量と同じ重量の複数の山車を作ります。人の運べる重量に分割し、祝祭を引き出します。祝祭が行われる度に組み立て、解体が行われ、この更新により1000年間残ります。3つ目は、停泊していた対湾から共徳丸が流れついた直線500m、という距離です。これを山車として引くための道として再現します。祝祭時のみこの道は現れ、祝祭の道として建築行為を禁止し、この制度によってこの道を残します。14mの山車を大勢の人々が運びます。巨大な山車は見慣れた街に突如現れ、非日常な光景は人々の記憶に強く刻まれます。祝祭を方面的に見た図です。まず、海で山車を組み立て、それら複数の山車を共徳丸の地形の位置に運びます。この行為により、共徳丸の重量と流れ着いた距離を体感します。運ばれた山車は順に地形の上に建てられていきます。この道は普段は駐車場や住宅の庭など、別の機能を持っていますが、祝祭の日のみここを通る人は山車により道として出現します。すべての山車が運び終わると、組み上げられた山車が共徳丸上部の姿を象り、地面は下部を象っています。根場の内部は追悼の空間として、被災当時の地面の高さと、道路や建物の基礎がそのまま残されています。すべての記憶を失った鹿折の街に共徳丸の根場を再現させることで、この日のみ記憶を取り戻します。1000年という時間の中で、この祝祭の意味が後世へと語り継がれることで、震災の記憶は受け継がれていきます。

Selection of Award Winners

―

受賞者選抜議論

審査員：祭りが行われてないときは、どういう扱いですか？

山本：追悼の場として祝祭の日に機能しますので、その日に手向けられた花によって、祝祭の日以外はその花が自然に増殖していくような風景になります。街の人たちは生まれた時からあるこの地形に対して、興味も関心もあまり持ってはいませんが、ただその周りは当たり前のように日常が過ぎていくというような風景を想定しています。なので、特別祝祭の日以外は機能を持たない不可侵な領域として使われています。

審査員：常にこの形を残すのはいいアイデアかなと思ったんだけど、木の立体格子がCGの内観イメージの模型でも形があんまりよく分からない。なぜこれを選んだんですか？

山本：まず木材を選んだ理由は、自分たちで施工していく上であまり難しくないものを選びたかったということ。格子状なのも施工の容易さからです。ただ、重量を330tにするという設定があったので密に作ることが出来なくて、この共徳丸の上部を覆えるものを密に作ってしまうと重量がとてつもないことになるので、緩和するために立体に組んでいます。

審査員：神戸のルミナリエも平面がレイヤー状につながって宮殿状の場所を作って、今のところ10数年間続いているので、それほど不可能な計画ではないんじゃないかと思います。

山本：あともう一つあるんですが、全くブラックボックスしたくなく中が見えるようにしたのは、この道沿いにあるんですが、その道沿いからここの場所を見ると、本当は模型があったら見えたんですが、中が透けて共徳丸の形が浮き出てくるようにそこはかなりスタディをしてスパンとかを決めました。

審査員：常にこの状態でお祭りがあってこれを持ってくんでしょ？その期間はどれぐらいになるの？上を見上げる内部のパースか結構インパクトがあるけど、でも通常はこれなんだよね？何日間この上を被さって、そこに入る期間があるの？

山本：厳密には決めてなかったんですけど、ベストは1日のみ。その日の神秘性を高めたかったのでかなり短い時間に限定して、作りたかったです。運ぶのも1日です。ただ、山車を念入りに一面の一つの山車としているんですが、その面を組み立てていくのはある程度の準備期間はもうけるつもりです。

審査員：恒久的なものじゃだめなの？

山本：これ自体が1000年残る必要があったので、1000年残すときにここは恒久的なものじゃないほうがいいと思いました。

審査員：普段は忘れておきたいんだよね。で、1年に1回は思い出してほしいっていうプランなんじゃないかな。

審査員：1000年建つ加工にするほうがいいのかなと僕は思う。やっぱりハードルが下がっちゃうよね。

審査員：伊勢じゃないけど1000年の間に何回か作り直しても。

審査員：毎年祝祭しなくても、10年するかしないかじゃないけど、10年に1回、10年間はあるとか。で、10年に1回変えるんですって方が、僕はわかりやすい。

山本：学区内だと20年に1度、1年間行うって発表しました。そしたら重たいって言われたので、今回は1日で。

審査員：どうしても期間にこだわらないといけないの？

審査員：やっぱりディテールとかに出てくるし。そういうことによって簡単なものになってしまっているんじゃないかなと。建築の問題っていうのは、例えば1年あるとすると建築的なものに変わったりしますから。

山本：僕は当初は20年でやろうとしていたんです。僕が20年と設定したのは、これを後世に伝えていくということがこのプランのキモだったので。祝祭が行われ、置かれる期間そこに訪れる。子供を連れてくることで、その子供がまた20年後に行われる祝祭に子供を連れてくる。20年っていうのは代の変わる期間なのかなと僕は解釈していましたので、そういう行為を続けていくことで次の代、次の代につながって1000年間残っていくっていうのが一番望ましいと思っていました。

審査員：お祭りなのか建築なのか。僕らは並列がいいなと思っているけど、1日だけだとお祭りで終わっちゃう。時間との勝負でもあるし、そこをちゃんと固めないといけないね。

優秀賞
THE EXCELLENCE AWARD

ID:076

名城大学　4年生

山本 将太
Yamamoto Syota

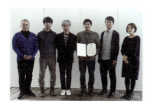

クリティーク島田の作品講評　　Evaluation

震災遺構としての第十八共徳丸を、実体としてではなく、人の行為として残す祝祭の設計。遺構を虚として再現し、「失われたもの」を浮かび上がらせる仕組みの設計も好感が持てた。毎年何故か震災慰霊としてイタリアの街並を電飾によって再現する祭りを持つ神戸市民としては、より実感と意味の感じられる美しい提案だ。美しい模型が風で半壊していたのは惜しかったが、やや構造面での不安も感じさせた。また、卒業設計に期待する密度としては日常時の使われ方、風景などにもう少し提案が欲しかった。

受賞者アンケート　　Winners questionnaire

□デザインレビューに出展したきっかけ
昨年も出展し、建築家と学生の距離が近く楽しかったから。
□印象に残ったクリティークからの一言
クリティークの方々から、祝祭の周期について「聞かなかった事にするからもう1回プレゼンしていいよ」と変更の余地を与えて頂いたこと。
□作品制作のスタンス
自分の問題提起に対して、素直に応えられているか。
□自身の強み
本を読むこと、足を動かすこと、議論すること。
□模型制作費／構想・製作期間／製作を手伝った人数
制作費10万円／3カ月・2カ月／3人
□使用パソコン／ソフト
Mac／illustrator・photoshop・vectorworks
□製作中つらかったこと
データは消える、プリンターは壊れる、模型材料は売り切れ。
□好きな建築／建築家
Bruder Klaus Field Chapel／Peter Zumthor
□建築を始めようと思ったきっかけ
建築関係の仕事をする父親に影響を受けたから。

□これからの目標
海外で建築を学ぶ。
□今回の失敗したこと、反省したことは
スケジュール通りに作業が進まず、手伝ってくれた後輩にうまく仕事が振れなかったこと。
□入選した感想
非常に励みになりました。なにより、講評や議論によってたくさんの方々とお話できたことがなにより楽しかったです。福岡デザインレビューで評価していただけて、手伝ってくれた岡ちゃん、切手くん、大野くんにようやくお礼が言えます。
□最後に、来年出展を考えている後輩へコメント
議論する回数、時間が多いので、案の魅力を最後の最後まで絞り出して聞いてもらえます。建築家との距離感や選考にかける時間は数ある設計展の中でもかなり質の良いものです。ぜひ出展することをお勧めします。

長谷川豪賞
GO HASEGAWA AWARD

JIA賞
JIA AWARD

ID:022

森 詩央里
Mori Shiori

九州産業大学
4年生

Project

ナガサキナガヤ
世紀をまたいで生活の場をひろげていく建築の条件

車道整備によりステレオタイプな造成地へと成り下がりつつある街、長崎市斜面密集地。既存の斜面地に三ヶ月間サーベに通い、長崎に根付く住人による自発的な斜面活用術を36コ見つけました。これらのコンテクストを踏襲しながら、100年後も長崎らしい斜面地の在り方であり続けることを目指します。

受賞者紹介 | Prize Winners

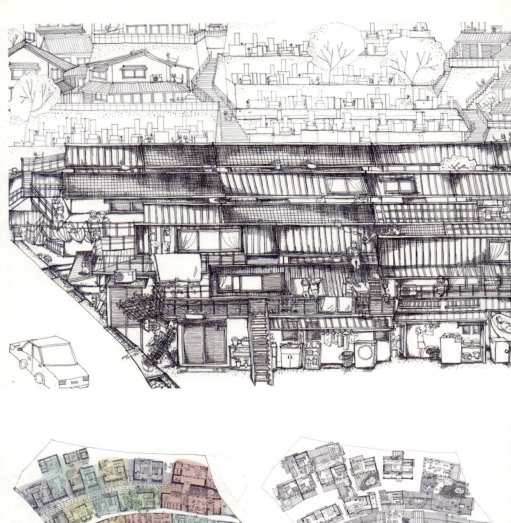

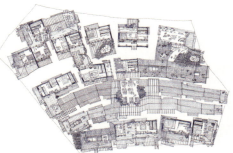

受賞者紹介 | Prize Winners

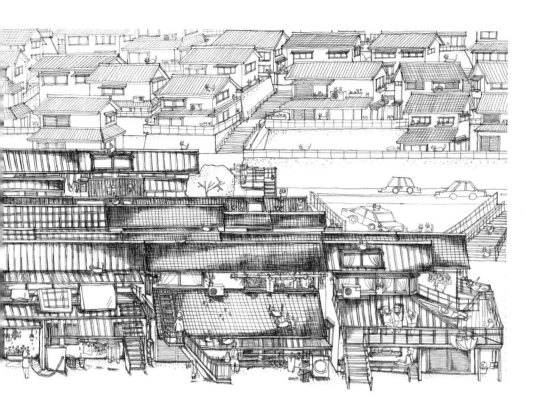

ナガサキナガヤ
―伝統を受けついで生活の幅をひろげてゆく長崎の住宅―

その場所に根付く人々の自発的なふるまいや、環境的・構造的合理からくる必然を次世代へと繋ぐこと。それこそ建築の本質的な役割であるはずだ。

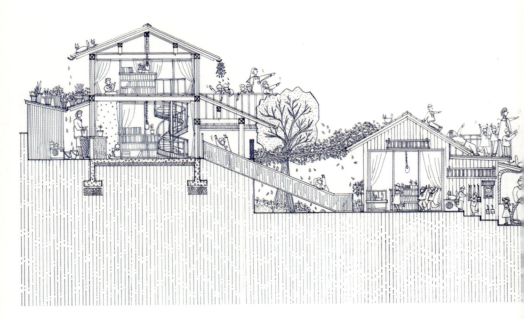
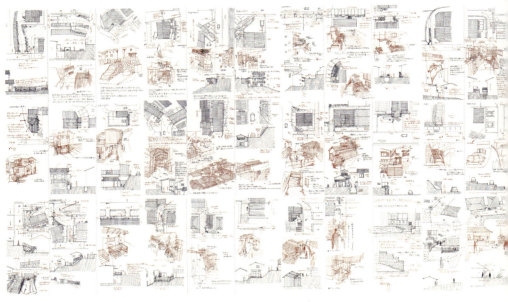

受賞者紹介 | Prize Winners

ナガサキナガヤ

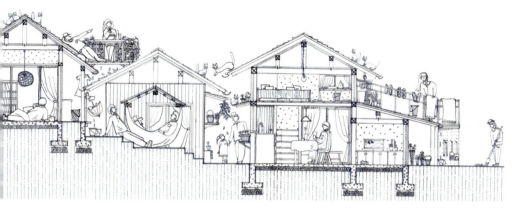

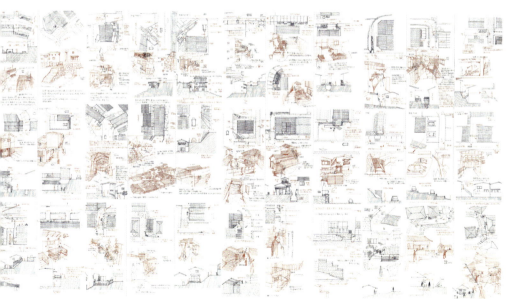

1. およそ30年〜50年後

新地中華街から登る都市計画道路が拡幅整備された後、コンターに沿うように都市計画道路の整備が行われる。幅員14mのため、大幅な立ち退きが予定されている。

2. およそ50年〜70年後

二本の都市計画道路が交差するように通ることで、周辺の建物が建て替わるときは既存とは異なるスケールや条件を含んだ建物が乱立する可能性がおおいに考えられる。

3. 提案　切妻長屋　およそ50年〜70年後

一区画を一敷地とみなし、既存の文脈と接続可能な建築物の更新のあり方を模索する。周辺の建物から一戸あたりのボリュームを割り出し、用途に左右されることのない最低限の構造体で構成する。それぞれのボリュームには、住宅の機能が入る。

4. 提案　切妻長屋　およそ80年〜100年後

スクラップアンドビルドを繰り返さずとも、家族の更新に伴う室の更新や、学童保育・地域食堂などの生活の延長にあるような用途も介入可能である。

5. 提案　切妻長屋　およそ80年〜100年後

環境的・構造的合理により選択されてきた切妻の風景は、さらに深読みして使いこなすことで、新たな認識を持ち得た切妻群集として次世代へと繋ぐことが可能である。

6. およそ100年後〜

対象敷地に限定せず、周辺の切妻住宅群へも切妻長屋の架構と仕組みを波及していけば、長崎斜面地は今後も長崎らしい坂のあり方として100年後も存続が可能となる。

Presentation of the Finalists

Presenter
ID:022

風土的、構造的合理から来る必然を、次世代へと繋ぐ事、それこそ建築の本質的な役割であるはずだということで、「ナガサキナガヤ—世紀をまたいで生活の場をひろげてゆく建築の条件—」をプレゼンテーションします。長崎県長崎市はすり鉢状の地形に形成されています。昭和期の人口増加に伴い、急斜面に対してコンタを這うように切妻住宅が群を成していきました。その密集した斜面地の内部では、特異な状況の中で住み続けるべく、住民自らが町をつくる集落のようです。一方で斜面地が抱える問題として、車が通れない道が多いことが挙げられます。近年長崎市によって道路整備が進められているものの、典型的な開発ばかりで、コンテクストは失われてしまい、どこにでもある造成地へと成り下がってしまいました。長崎の斜面地に住むという価値が失われているように感じます。本計画の目的は、長崎らしくあるために昭和期以降のコンテクストを参照しながら、斜面地を住む場所として100年先も継承することを目的としました。手法として、まず3カ月間サーベイに通い、長崎に根付く36の斜面活用術を見出しました。そこでは、自ら生活領域を押し広げ、都市への距離感や関係を見出しているようです。これらを5つの要素に分けます。そして、「都市から建築へ」、「プロダクトから建築都市へ」、「土木からプロダクトへ」、以上のコンテクストをパターンランゲージ化し、デザインソースとして用います。道路整備により風景が一変してきている地域を敷地とし、異なる時間軸で2つの提案を行います。

A. 仮設的プロムナード
山の谷間に位置する北向き傾斜地
谷間のコンタを混ぜるように切妻屋根が並びます。現在都市計画道路が対象敷地を交差するように計画されています。道路整備により立ち退きが行われたものの数十年の間放置されているようです。そこに仮設の屋根をかけながら積極的に利用する提案です。

B. 切妻長屋
建物の更新に対する提案
コンタに沿うように道路が整備され、同時に大幅な立ち退きが予定されています。1区画を1敷地と見なし、既存の文脈と接続可能な建築物の更新のあり方を提案します。切妻の長屋、コンタに沿った横道、これら2つの性質を手がかりとします。

1階平面図で分かるように、パターンランゲージで得た条件をもとに、高低差による関係をつくります。坂道が持つ性質と建築とを同時に扱いながら、新しい場所へと転換します。この計画では自由なゾーニングが可能となり、家族の増減に伴う質の更新や住宅の機能をこえて、生活の延長にあるようなプログラムである地域食堂や学童保育などの用途の介入が可能となります。
2階平面図で表現しているのは、高低差をまるで遊具のように使いこなし、屋根裏を走り回る子供たち。切妻屋根にもたれながら斜面下の長崎港や稲佐山をのぞむ。そんな、斜面地に住むからこそ可能となる生活の営み。従来のコンテクストを踏襲しながらどこにでもある造成地へと成り下がってしまうことを防ぎます。この提案が市民に愛され、斜面全体に広がっていけば、100年後も長崎らしい坂のあり方でありつづけると思います。

Selection
of Award Winners
—
受賞者選抜議論

審査員:既存のコンテクスト、パターンランゲージで生み出されたもの、既存的な思考のものがどこにあって、あなたが新しく生み出したものがどこなのかを端的に教えて欲しい。

森:私が提案しているのは、切妻の長屋の架構です。あと、デザインサーベイで見つけたものをこの場所で少しずつ転換していきながらデザインを仕掛けています。坂道の階段の踊り場を住民の人たちが自分の住宅の敷地のように勝手に椅子を置いたりだとか、積極的に使っていることがサーベイで分かって、そういうものをもっと活用できるようにしています。

審査員:もう失われてしまっているが、質が非常にいいものを復元したと言うか、複製したと。

森:複製というか、既存から参照して切妻の長屋を建てているんですけど、既存と何が違うのかと言うと、既存よりももっと自由なゾーニングと自由なプログラム、あと素材も住民が自由にカスタマイズできるような提案です。

審査員:自由なゾーニングとしては何があるの?

森:例えば、この縦と横で4つを使って地域の食堂として使っていたりだとか、もっと自由に使えるような手がかりを設計しています。高低差を一緒にしたりだとか、屋根の上をもっと積極的に使うことを考えています。

審査員:これは賃貸?分譲?結構、所有形態に関わってくると思う。自由に変えられますって言うけど実際はそんなに自由に変えられない。誰か他の人が住んでいたら浸食していけないわけだし。さらに、高齢化の中で、足が悪い人でも住めるようにするにはどうしたらいいかの提案も必要じゃないかな。これは、どういう人を対象にしているの?

森:架構の構造体の模型でつくっているところを1区画として分譲で考えています。今、斜面地に住みたい人がほとんどいないんですけど、斜面地だからこそできる生活の仕方が根付いていて、そういうものを道路整備によって大幅に建て変わるときに次の世代へも繋いでいくことができたら、と。斜面地が空き家が多いのは立て替えとかが難しくて、こういう形式を使えばスクラップアンドビルドをしなくてもこの形式を引き継ぐことができるんじゃないかと思っていて、大幅な立ち退きにあった人が再び住むことも可能ですし、若い人とかこれから長崎に住む人がここにも来て欲しいと思います。

審査員:新しく作るというより、全体のリノベと無くなったものを再生して、中を新しくプランニングしていくのかな。

森:はい、ここの考え方がこの周辺にも広がっていって点と点が繋がって欲しいなと思っています。

審査員:リノベしたときに誰がターゲットになっているかというところにオリジナリティが必要。本当に人来るのかな。

審査員:ある種ユートピアで、すごくいいと思うんだけど、火事が起こったらどうするかとか、骨折したらどうするかとか、リノベで済む話じゃない提案が欲しいなって僕は思う。

審査員:サブタイトルが「世紀をまたいで生活の場を広げていく建築の条件」じゃないですか、君がやったプロジェクトの建築の条件を一つ言ってください。

森:最初、形態的、空間的に手がかりを見つけて空間的に何かつくれたらいいなと思っていたんですけど、まちづくりの人とか市役所の方といろんな議論をする中で、ただ空間を提示するだけじゃなくて、既にある魅力ある暮らしを次の世代に繋いで、100年後にもバトンを渡せるような手がかりを設計してあげることの方が重要なんじゃないかと思いました。

審査員:田舎に戻ろうっていうプロジェクトはたくさんあって、試験的にやられているエリアもある。そういう中であなたは何をするんですかっていうのを、みんな聞き出したいんだよね。ここで何をしたいんですかっていうそういうところまで含めて調べて、それに対してここの自治体はまだそこまでできてないかも知れないとか、私はこうしたいとか、ここはそういう考え方じゃなくてこういう風なありかたであるべきだとか。

審査員:いまの質問はすごく本質的なのでちゃんと解決できないと今日何言ってもみんな入ってこないと僕は思うんです。

長谷川豪賞 | JIA賞

ID:022

九州産業大学　4年生

森 詩央里
Shiori Mori

クリティーク長谷川の作品講評 — Evaluation

「ナガサキナガヤ」は、なによりそのリサーチの緻密さに驚いた。長崎で描かれた数多くのスケッチとともに森さんが発見したことが魅力的にプレゼンテーションされていて、場所への深い愛着が伝わり、好感をもった。しかしプロジェクトのほうはというと、リサーチと比べると緻密さを欠いていて、固有の問題を見つけるところまで至っていなかった。設計する場所に深い愛着をもつのはとても良いことなのだが、同時にそれを客観的に見る視点が必要だったのかもしれない。しかしそれでも彼女は最後まで自分なりに場所のリアリティを噛み締めようとしていて、僕はそこを評価したいと思った。

受賞者アンケート — Winners questionnaire

□ デザインレビューに出展したきっかけ
同世代と建築に対する考えをぶつける絶好の機会と思ったので。

□ 印象に残ったクリティークからの一言
これは設計展なんだから設計してないとダメでしょ、と。

□ 作品制作のスタンス
建築という体場からまちづくりの断片的な役割を見出すこと。都市的スケールから生活の具体的なスケールを紡ぐこと。

□ 自身の強み
思いの強さ、根性、笑。

□ 模型制作費／構想・製作期間／製作を手伝った人数
制作費3万円／8カ月・4カ月／6人

□ 使用パソコン／ソフト
Windows／illustrator・photoshop

□ 製作中つらかったこと
していることがすごく地味なので、伝えることが一番辛かったというか難しかった。

□ 好きな建築／建築家
海の博物館／内藤 廣

□ 建築を始めようと思ったきっかけ
長谷川豪さんの「桜台の住宅」に感動してです。

□ これからの目標
卒業設計を必ず実現させて、何十年先もそれを見届けたいです。

□ 今回の失敗したこと、反省したことは
設計が追いついてなかったことと、プレゼンがもう少しうまくいけばよかったなというのです。

□ 入選した感想
仙台ではファイナルに残れなかったのですが、このデザインレビューはちゃんと議論の中でファイナリストを決めるというシステムで、それで上がって来れたのが嬉しかったです。

□ 最後に、来年出展を考えている後輩へコメント
自分の思いを出し惜しみせずに、ぶつけきってください。

成瀬友梨賞
YURI NARUSE AWARD

ID:033

佐々木 夏輝
Natsuki Sasaki

福岡大学
4年生

―
Project

スラムの居住環境再生モデル

本設計で対象としているタイ王国バンコク、ロック地区のスラムでは不法占拠地区の合法化など、政府の様々な施策がこれまで実施されてきたが、依然として劣悪な環境下での居住が強いられている。本提案は、コスト、技術、素材、構法、環境、インフラ、システム、など様々な条件を分析・整理した上で、インクリメンタル・ハウジングによる新しいオンサイト型スラムアップグレードモデルを提案している。

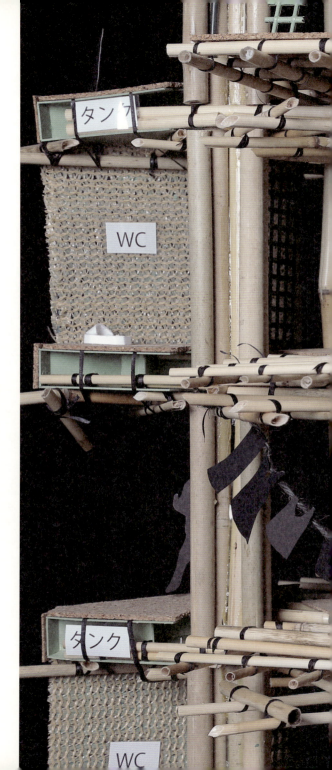

MAIN CONCEPT

Problem of Slums

解決を計り居住環境を再生させる
＊世界各地のスラムで応用可能なモデル提案

都市が膨大化かつ機能そのものが
都市に集中していくなか、
拡大していくスラム建築にできることとは──

現状
・平面に高密度に住んでいるため、火事が起きた際、全て焼けてしまう
・低湿地帯であるため、ゴミが流れ着き、また屋根の上での生活を強いられる
・スラムの住民は基本的に過酷な労働を強いられるうえ、賃金が安く、それが職業能力開発に影響し、悪循環を招いている

対象敷地・スラム
タイ王国　首都バンコク
クロントゥーイ　ロック地区

計画地（既存）
住戸数：約210戸
敷地面積：約9860㎡
1住戸当たり：約17.4㎡
1住戸平均住民数：約6.4人
1人当たりの面積：2.72㎡

ロック地区（スラム）
・住宅は基本的に廃材を集めた
　Self Builtによるバラック
・湿地帯であり、川が氾濫した際にである
・劣悪な衛生面による感染病の流行
・迷路のような街路
・犯罪（拳銃・ドラッグ・人身売買）

モデル上部　　　　　　　　　モデル内通路空間／モデル内リビング　　　　モデル下部

当該敷地では不法占拠地区の合法化など、政府の様々な施策がこれまで実施されてきたが、依存として劣悪な環境下での居住が強いられている。本提案は、コスト、技術、素材、構法、環境、インフラシステム、など様々な条件を分析・整理した上で、インクリメンタル・ハウジングによる新しいオンサイト型スラムアップグレードモデルを提案している。
具体的には既存の建家を残しながら、その空中に竹を素材としたスケルトンをセルフビルドで組み上げる方法によって、居住空間の高密度化、棟間の離隔確保による耐火性能の向上、地上レベルのピロティー化による洪水対策とインフラ再整備、などを実現しようとしている。また、細部まで実現可能性を追求しつつも、空中に浮遊するような軽快な集住体イメージを創出など、細部から全体性の構築までを提案している。

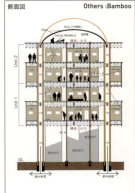

普遍的な問題（スラム）

Problem 1 火事

平面に高密度に住んでいるため、火事が起きた際、全て焼けてしまう

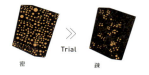

棟間の確保
▶耐火性能の向上

Problem 2 衛生

低湿地帯であるため、洪水の際、ゴミが流れ着き、また屋根の上での生活を強いられる

劣悪な環境下に置かれているスラム住戸を上へ逃がす

plus ＋

一人当たりの居住スペースを2倍に

Problem 3 貧困

スラムの住民は基本的に過酷な労働を強いられるうえ、賃金が安く、それが職業能力開発に影響し、悪循環を招いている

スラムでの悪循環をもたらす大きな問題

正のスパイラルへ
建設コストを抑えつつ、職業開発を行うそれが基になり賃金upや居住環境再生、また新しいコミュニティの形成をを図る

既存のスラム住戸は
そのままの状態で上へ増築

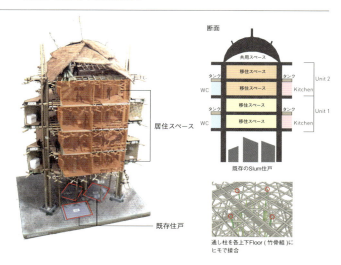

通し柱とは: つなぎ目のない柱のこと
間柱とは: 壁材を受けるための柱のこと

Self Build の可能性

SlumではSelf Builtが非常に発達している。コスト的な部分や技術者不足などの要因からなるある種の必然的なものではあるが、多くの可能性を秘めている。
Self Buildとは：住戸を住民自らが建設すること

TIME →

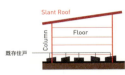 

スケルトン・インフィルとは：建物のスケルトン（柱・梁・床等の構造躯体）とインフィル（住戸内の内装・設備等）とを分離した工法

TIME →

| 既存のスラム住戸 | スケルトン部分の建設
（技術者と住民の共同建設） | 既存住戸の吸収
・回収（既存住戸面積の2倍を確保） | 空地を利用し、竹を植栽する
（インフィル部分の建築材として利用） |

スケルトン部分の役割

柱　＋　屋根　＝　上への促進力を助長させる

TIME →

受賞者紹介　｜　Prize Winners

柱周りにコア的な要素をまとめる ➡ 移住スペースとの分離

平面

防火対策

（火回り関連は住戸空間から隔離する）

断面

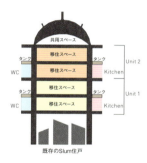

雨天時
屋根の形状を活かし雨水を
柱に流し込む

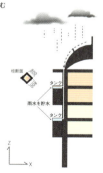

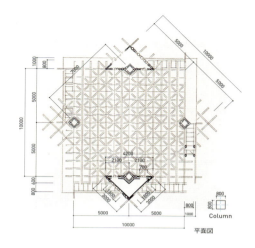
平面図

既存のSlum住戸は
そのままの状態で上へ増築

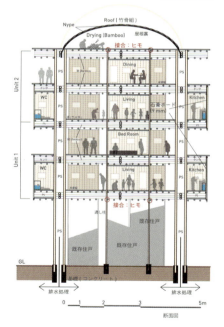
断面図

Bamboo Road

袋小路状に街路が発達している

Proporsal

Keyword：袋小路
今設計での街路計画は竹林を利用し、また
この地域の伝統を活かしたものにする。

概要：
東西に一本の大通り(Bamboo Road)
そこから袋小路状の通りが伸びていく。

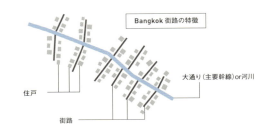
Bangkok 街路の特徴
大通り(主要幹線)or河川
住戸
街路

東西に一本の大通りを通す　　そこから袋小路状に通りが伸びていく

Period :1

Period :2

袋小路とは：
行き止まりになっている路地のこと

参)設計敷地全体

参)断面模型 photos

受賞者紹介 | Prize Winners　　　　　　　　　　　　　　　　　098

Presentation
of the Finalists

—

Presenter
ID:033

今回の設計は、スラムの居住環境の再生モデルということで提案しています。昨今、都市が膨大化、かつ機能そのものが都市へ集中してくなか、「拡大していくスラムに対して建築にできることとは」、というテーマで設計しています。世界の42%もの人が1日2ドル未満で生活してということが調べていてわかり、これがすごくショッキングだったので、どうにかできないかなということで、今回スラムに焦点を当てた提案をしています。スラムには普遍的な問題があるんですが、一つは衛生、そして火事、貧困です。衛生に関してなんですが、スラムが発達してるところは湿地帯であることが多くて、下にゴミが流れ着いて、例えば洪水のときは一週間屋根の上での生活を強いられるような状態です。それをまず、居住環境を上に移動できるシステムを今回提案しています。上に移動したときに集約されて住戸間のすき間が空くようにして、防火対策をしています。貧困に対してなんですけど、貧困と職業能力の低さが負のスパイラルとしてずっとある現状で、これを何か違う正のスパイラル持っていけないかという提案をしています。そこで注目したのが竹で建設コストを抑えつつ、職業開発を行いそれが元となり賃金アップや居住環境再生、また新しいコミュニティの形成を計っています。本設計の大きな特徴なのですが、普遍的なスラムの諸問題を解決するためのシステムの提案と、産業ITの追求ということで地産地消型建築にこだわっています。現地の情報なんですけどタイのクロントゥーイという地区のスラムを扱っていて、タイは赤道直下にある国なので光のとらえ方が日本と全然違って、基本的に光は遮断したい、通風は良くしたい。光を好まない人たちが多いうえにスコールがありすごく雨がたくさん降るので、基本的には勾配屋根の建築が多くなります。今回、柱と屋根を先にスケルトンで建設することによってその間を上に移動しやすいように、いわゆるセルフビルドの建築なんですけど、セルフビルドを促進するようなシステムを提案しています。実際の本設計地の地図では不規則な街路が一見不憫に感じますが、この地区独特の地域性がそこにあるんじゃないかなと思っています。提案ではフロア自体をフレームを組んでいて、これがスケルトンの部分になるんですけど、いろんな形、既存の住宅に対して対応できるようにしています。不規則な住戸配置に適応させてスラムの良さっていうものを残していきたいと思っています。こちらが断面模型なんですけど、既存の建物が下の方にあって、既存をどかしてしまうとすごく暴力的でスラムに住んでいる人のことを全く考えていないと思うので、自分は既存を残したまま上に建築できるようにしています。先ほどスケルトンと言っていたのが柱の部分とフロアの部分と屋根の部分なんですけど、既存の周りからサブの柱が上に伸びたときに既存の形がそのまま上に生きるような、プラス、例えば子供が生まれたとかもうちょっと場所が必要、となったときに、増築しやすいようにしています。基本的にスラムって廃材とかを集めたバラックのようなものが多くて、最初はすごくショックを受けたんですけど、通路の部分など、スラムならではの必然性から生まれた空間というものにちょっと魅力を感じたのでそういうのを残していきたいなと思いました。この通路部分は、廃材を置いたらすぐ通路になるような感じで、それがまたその土地独特の味になるんじゃないかなと思っています。

Selection
of Award Winners
―
受賞者選抜議論

審査員：防火の改善のためということだけど、これって下が燃えると上まで一気に燃え上がるんじゃないかなと。
佐々木：そうですね、1つが燃えたらその地域全部やられるような現状で、救急車も入れない。まず救急車が入れるようなスペースを作って、コアの部分、キッチンとトイレだけなんですけど、端っこにまとめて、居住空間からちょっと離して、一応石膏ボードとかで…。
審査員：柱が燃えたら倒壊するけど1世帯か何世帯かで住むということですか。なるほど、分かりました。
審査員：佐々木くんによればこれは構造的には可能らしい。3層くらいでもできるかという話をしたら、「スラムの人っていうのはジメジメしたところが嫌いで高いところが好きなんです」って言うんだけど、ちょっと高いと難易度も高くて、可能とは思うんだけど、最終的にセルフビルドとか地元の材料でやれるかというと、ちょっと難しいと思う。まぁ3層くらいであれば連続して組めばそういうローカルなテクノロジーでできるんだろうと。3層でも機能は成り立つんだよね？
佐々木：そうですね、今既存の状態から2倍は確保できているんですよ。実際の敷地に。なので、もし3層にしたら2倍とはいかなくても1.6倍くらいは確保できるので全然大丈夫です。
審査員：敷地の境界も有るような無いようなというプロジェクトなので、というぐらいの話をポスターセッションでは聞いていましたけど、具体的にディティール考えていったりとかしていったら不可能ではないんじゃないんですかね。
審査員：スラムクリアランスのカウンターパートとして考えていて、スラムクリアランスのその案よりこれのほうが安くできるのかな？
佐々木：いろんな案があって、街路整備して家まで与えて住んでもらうっていうのがあるんですけど大体スラムの人って売っちゃうんですよ。そのまま貸してしまって自分はまた同じようなところに住んでしまって、なかなか改善しない。これだったら普通の住宅例えば富裕層とかがまずいきなり住みたいかと思うかと言ったら最小限の空間しか与えてないのでそうでもなく、でも自分たちの手でやることによって職業開発とかそういうことも含めて提案できたらと。

審査員：算出はしてないの？
佐々木：算出はしていないんですけど、海外で竹の建築を結構されている方と何人か話して、実際持っていって可能だと、でもまだ上に上げる方法はいろいろあると思う、と言われました。この構造が全てじゃなくて、例えば竹を曲げながら上に上げていくとか。竹の世界的な建築っていうのは柱が曲がりながら上に上がっていっていることが多くて、そういうデザインができるんじゃないかとは言われています。
審査員：なんでこれまで竹のこういう高層建築ってできなかったんでしょう。
佐々木：基本的に日本ではつくれないらしくて、法律とかで…。足組としては、中国とかですごい上げていくけど、建築としては…4層くらいは実際あるんですけど、ちょっと国名が…。
審査員：伝統的な何かの建物がある？
佐々木：はい公共施設であります。後で資料持ってきます。
審査員：5層だと難易度上がりますよね。
佐々木：これらを1ユニットって考えていて、上下で一つの既存の人が使えるように、それで今面積2倍を確保していて、それがあと周りを吸収するのがこの上のユニットってことで4層にしていて、でもこれが1ユニットでも自分のやりたいことは変わらないってことです。
審査員：プロジェクトがより現実として進んでいく中で、そのへんはフレキシブルに考えていけば、可能性はあると思うよ。
審査員：下水とかは政府が設備をやってくれるっていう…？
佐々木：自分がやった設計地はもう下水は整っていて、スラムにしてはまだいいところなんです。だから各住戸にトイレとかつくっているとそれはまた無駄じゃないかと。公共で使える部分は使って数を減らして、全部柱にパイプスペースとかまとめてスケルトンの部分の構造で処理したいと思っています。

成瀬友梨賞 YURI NARUSE AWARD

ID:033

福岡大学　4年生

佐々木 夏輝
Natsuki Sasaki

クリティーク成瀬の作品講評 | Evaluation

タイ王国バンコクにおけるスラムの居住環境を、住民自らの手によって改善していくための建築プロトタイプの提案である。素材、構法、環境、インフラシステムなどを丁寧に設計することで、説得力の強い提案となっている。また、既存家屋を残しながら更新をするという建設プロセスへも配慮がなされている。

スラムクリアランスは一見劣悪な環境がなくなるが、都市の発展と引き替えに、そこに住んでいた人たちの居場所は追いやられ、結局新しいスラムを生んでしまう。そういった問題に真正面から向き合い、真摯に答えを導こうとしている姿勢を大きく評価したいと考えた。

受賞者アンケート | Winners questionnaire

□デザインレビューに出展したきっかけ
最後卒業設計、いい機会に出して終わろうと思った。

□印象に残ったクリティークからの一言
たくさんあってどれを言ったらいいのか。インフラとかもっと視点を広げて相対的に見てディテールの部分をもっと説明したほうが分かりやすかったと言われたことが、確かにそうだなと思って。

□作品制作のスタンス
今回はスラムに自分が実際にいってショックを受けて、どうにかして変えたいっていう気持ちから始まった研究設計だったので、リアリティとか住民の意見とかは最重要において設計しました。

□自身の強み
あるとしたら、好奇心旺盛なのと、何かに熱中したらそれに集中するところ。

□模型制作費／構想・製作期間／製作を手伝った人数
制作費4〜5万円／6カ月・2カ月／7人

□使用パソコン／ソフト
Mac／illustrator・photoshop・autocad

□製作中つらかったこと
何カ月も向き合うこと。精神的にきつかった。

□好きな建築／建築家
コルビュジエのサンピエ教会／レム・コールハース

□建築を始めようと思ったきっかけ
小学校のときに感動して涙したこと。

□これからの目標
いろんなところへ行って自分の目で見て経験し、知識をつけたい。

□今回の失敗したこと、反省したことは
展示の準備不足。

□入選した感想
予選も駄目だと思っていた。
初めてのコンペで受賞できてとても光栄。嬉しい。

□最後に、来年出展を考えている後輩へコメント
実行委員をしている後輩たち、とても期待しています!!

池田昌弘賞
MASAHIRO IKEDA AWARD

ID:008

野澤 美咲
Nozawa Misaki

早稲田大学
4年生

Project

KOBAN
まちの ちいさな おまもりさん

社会的、歴史的、文化的に失われてきたもの、守られるべきで守られてこなかったもの、都市化、現代化、開発に伴い置き去られたもの。現代の日本において"守る"建築を提案する。点としての建築をそっとその場所に置く事によりそこから波紋するような効果。そんな力を持った小さな建築について考える。小さな点はきっかけとなり、これらが沢山集まることによって、場所性が深められ、人の中にある本当の厚木像が浮きあがってくる。

受賞者紹介 | Prize Winners

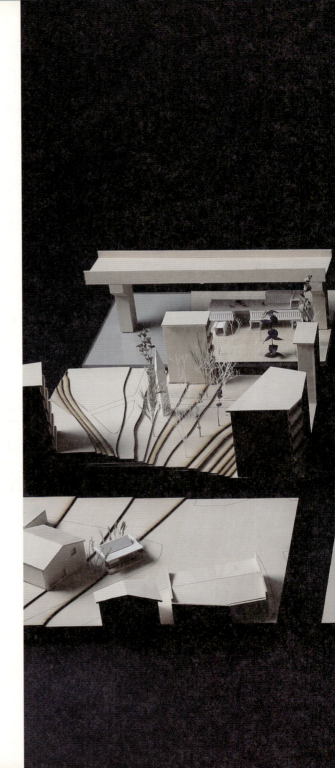

社会的・歴史的・文化的に失われてきたもの。守られるべきで守られてこなかったもの。都市化、現代化、開発に伴い、置き去られてしまったもの。
本計画では、現代の日本における"まもる"建築を提案する。

日本の"コウバン"という文化。
例えば暑い日に赤ん坊連れの疲れたお母さんを休ませてあげたり、夜読書をしに集まった子供達にあかりを灯してあげたり。迷った人に道を教えてあげたり。
本来日本の交番には治安だけでなく、もっと広い意味で人や町を守る役割があった。

おまわりさん から
おまもりさん へ

地域をまわり、その場所や人を良く知ることによって町をまもる、日本の"おまわりさん"
住居形態やライフスタイルの変化によって"まわる"ことが難しくなった今、まちはどのようにして守られていくのか。

Koban

site

地域に根差した小さな建築。
そっとその場所に置かれた、点としてのコウバン。
その点は時に"きっかけ"となり、拠点となる。
警察官が巡回するのではなく、人が立ち寄り、集まる。
人がおまわりさんになり、おまわりさんが、おまもりさんになる。

東京から50km、工場が建ち並び急速に開発が進むまち、厚木。
強いインフラを獲得していく反面、場所像が霧がかっていく状況において、そこで守るべきものを「現代におけるkoban」として提案する。
点のように小さなコウバンたちは、波紋のように、まちをゆったりと包み込んでいく。

そんな力を持った、9つの小さな建築の提案である。

"子供達の放課後"を守る

例えば小さな子連れのお母さんを休ませたり、
何気ない生活相談にのったり、
近所のやんちゃな子供の喧嘩をなだめたり。

放課後みんなで行く大きな屋根のコウバン。
託児施設を兼ねた"子供の放課後"を守るコウバンを提案する。
親は子供を迎えに来て、
近所の人はふらっと寄る。
近所のみんなが"おまわりさん"になる。

A
—
小 鮎

"時の流れ"を守る

労働者の生活は毎日の決まった勤務時間に大きく制約され、"時間"は彼らにとって重要な要素となる。
昔まだ時計が希少だった時代に、ある日本の交番がこのような労働者のために時計を交番の外に置いてやり、労働者の"時間"を守っていたという。
厚木の北部上依知地区には、多くの大企業の工場が密集する工業団地がある。この工業団地の入口となる角地に、現代において労働者が必要としている"時間"を守るコウバンを提案する。

B
—
工 業
団 地

"田園風景"を守る

かつては大山の麓を一面覆った田園風景。徐々に手放され、マンションや工場に置き換えられた。
大山に吸い込まれるかのように永遠と続くあぜ道は、切断され、コンクリートの道がつくらた。
数少なくなった、三田のたんぼを守り、厚木に残された田園風景を守るコウバン。たんぼにおちる、小さな陰の下で、たんぼを守る人が集まり、話したり、農作業から休憩をする。農機具収スペースは農機具の展示所となる。

C
—
三 田

D ── 三川合流

"見えることで街全体"を守る

昔から木の集散地として、ここには物資が集まり、人が集まり、情報があつまった。ここに来れば人がいて、最新の情報を入手できる、安心感のある場所であった。

現在利用されていないタワーをリノベーションする。

どこからも見えて、どこでも見守ってくれる、塔状のコウバン。
どこからでも見えることによって、人に安心感を与えて、街全体を守るコウバン。

E ── 川沿い高架下

"川と人の営み"を守る

厚木はかつて川を中心に栄え、営みの中で人々と川は切っても切り離せない関係を保っていた。しかし、モータリゼーションの発展によりインフラは変化し、川と人との関係は変化してしまった。
道路と川の直行するベクトルの中に、川と人々の営みを守るコウバンを提案する。
コンテナによる施工性の利点と、物流のアイコン性をもったコウバン。

F ── 鳶尾

"遊びと学び"を守る

まだ電気が貴重だった時代、子供達が夜遅く近所の交番に本を持って来て、交番の灯の元で本を読んだ。コウバンは昼間は遊ぶ子供達を見守り、夜には図書館のようになっていたという。
団地が密集するこの地域では、親の共働きが多く、夜まで大人は駅前に働きに出てしまう。
図書館を駅前にしか持たない厚木市において駅から離れた団地の中に、図書館と青空教室、遊べる空間を兼ねた、子供達の"遊びと学び"そして成長を守るコウバンを提案する。

"語り継がれる文化"を守る

山道の分岐点、山への入口となる場所。今でもバスが一時間に一本しかないようなこの場所は、昔から旅人にとって、山への入口であり、帰りの休憩場所でもある。
そこで語り継がれる旅の話。下山して来た人が、これから入山する人に語り継ぐ山の話。
本やネットでは知ることのない、人から人へ語り継がれることによってのみ継承される何かがこの場所にはまだ残っている。

G
―
七沢

"失われた村の記憶"を守る

夏には多くの観光客が訪れるが、冬には孤立した静かで小さな村。川の反乱を防ぐために建設されたダムと湖は、昔この土地にあった清川村を飲み込んだ。この地にはかつて山林を使った茅葺き屋根が立ち並んだ。
一瞬にして失われてしまった昔の村の記憶を守るコウバンを提案する。
かつての道路が途切れ、湖が始まり、湖と陸の境界となる場所。かつての清川村を水の中に見渡す敷地に、当時のこの地域の民家が持つ空間構成のコウバンを提案する。

H
―
宮ヶ瀬

"歩行者の毎日"を守る

厚木の駅と、バスターミナル。
この二つの点を結ぶ道は、厚木の人の日常の一部である。今この通りは建物が密集した繁華街になっていて、暗い場所と明るい場所、表と裏の差がはっきりしている。駅前に交番が建っているものの、一つの点としての交番でこの地域を守りきることはできない。
そこで、道と建物の関係を見直すことによって、歩行者を守る、新しいコウバンを提案する。明るい場所と暗い場所のムラを無くし、全てを表にする。明るく、視線の通る道では、周りの人が互いの視線で守りあう。

I
―
駅前

大山と三川と大地、鉄道と高速、今ある厚木のレイヤーの上に、
"まもる"ことを主題とした、小さな建築の集まりを付加する。
小さな点はきっかけとなり、人が集まり、場所性が深められる。
それらがたくさん集まる事により、まちの中にある本当の厚木像が浮かびあがってくる。

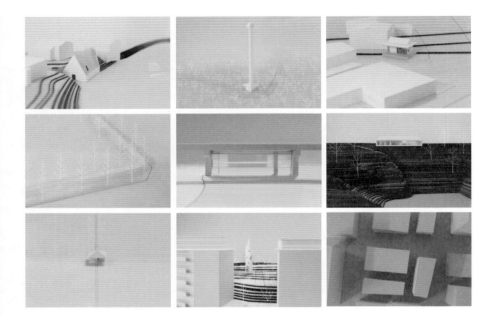

Presentation
of the Finalists

Presenter
ID:008

厚木のしおのさんから合流する地点に現在は閉鎖されている電波塔が建っています。これをリノベーションして交番として再利用する計画が、時間を守る交番です。町のいたるところから塔が見えるという利点を活かして、見えることで見守られている外観をともなった交番の提案です。続いては川沿いにある高架下の交番です。厚木は木材の集散地として有名で厚木という地名はあつめぎ（集木）という言葉からきているといいます。昔、この川は物流の軸だったのですが、今ではその機能が直交するように変わっています。2つの物流の軸が交差する地点で象徴性や施工性からコンテナを積み重ねた川と人の営みを守る交番を提案します。川が氾濫したときは、1階部分では川に平行してコンテナを並べ、水の抵抗を減らし、主な機能は2階に配置しています。ここまでが新しく選定した敷地に計画した交番で、ここからの交番は既存の交番の建て替えの計画です。こちらは小中学校が隣接する敷地で放課後の学習スペースを含め託児機能を備えた交番です。9年間通い続ける通学路、ときには学校に行けなくなる生徒もいるかもしれません。そんな複雑な時期に最後に相談に乗ってくれるのは親でもなく、友人でもなく交番のおじさんだったりします。大きな部屋の下ですべてを包み込んでくれるような、そんな交番です。交番は余剰につくれる唯一の建築です。田園のなかにぽつりと存在しながら風景となる交番。あぜ道が直交する場所で、田園風景を見守ります。団地が密集している地域では、限られた子供たちが遊ぶ広場に邪魔をしないようにひっそりとたたずむ交番が彼らを見守ります。厚木には図書館が1つしかなく、なかなか恵まれた環境とは言えません。そこで団地の中でいつでも子供たちが本に触れることが出来る児童図書館の機能をここに含んでいます。その昔電気が貴重だった時代読書をするために本を持って集まった子供たちに明かりを灯してあげているという話を聞きました。そんな暮らしの中にそっとたたずむ交番です。手軽に様々な情報が手に入る今、物事の本質を捉えることは難しい時代だといえます。次は、町のことをよく知る名物おばあちゃん、人から人へ語り継いでいくこと、その奥へと続く揺れる空間ここでバスを待ちながらこの道から続いていく厚木の歴史のおまもりさんから伝えてもらえる交番です。昔、このダムの底には村がありました。手前の道は、その昔あった村へと続く唯一の道でした。川の氾濫を防ぐために建設されたダムは一瞬にしてこの村の記憶を飲み込みました。人の感覚や記憶そして村、厚木の歴史を見守っていく交番です。平入りで土間空間から奥へ続いていく直線的な動線計画、茅葺屋根など、以前の村の記憶をベースとして計画された建築です。厚木の駅とバスターミナル、厚木に住む人にとって移動の中心となる二つの点。これらを結ぶ道には、繁華街ということもあり表と裏があります。暗くてジメジメした空間は歩行者にとってあまり安全な空間とは言えません。そこで、道の幅員に一定のルールをつくり、すべての道を表にすることを提案します。そこにいる人たちの全員の目線がおまもりさんとなり、このエリア全体が交番として役立ちます。地域を守り、その町の人をよく知ることによって町を見守る日本のお巡りさん。居住形態の変化やライフスタイルによって、まわることが少なくなった今、町を守っていくスタイルも変わっていくべきだと考えています。警察官が巡回するのではなく、人が立ち寄り集まって、お巡りさんがお守りさんになる。新しい交番を守るというかたち、場所に集まる事物は厚木の町そのものです。たとえ小さな点であっても、これらは小さな建築の集まりが波紋のように呼応しあい1つの建築では成しえない町を守る大きな存在となります。

Selection
of Award Winners

―

受賞者選抜議論

審査員：あなたの交番の定義と、あえて交番じゃないものに置き換えるとしたら何なのか答えてください。

野澤：今回交番という言葉を使っているのですが、今ある交番に限定されない、もっと広い意味で町や人を守る場所として考えています。昔よくいた町をよく知ってる名物おばあちゃんだったり、煙草屋さんのおばさんだったり、やんちゃな子供を叱ってくれる八百屋さんのおじさんのように、見守ってくれて困ったときに相談に乗ってくれる頼りになる存在としての建築。小さいながらもそれぞれの場所にあることによって大きな効果を生み出すような建築だと考えています。2つ目の、もし交番でなかったらという話ですが以前は警察官というのは"お巡りさん"と呼ばれて巡回するのが基本で、自宅にも訪問して町を守るという活動が主な活動だったのですが、大型マンションができて巡回することが難しくなったり、共働きの家庭が増えて家を訪れても話すことが出来なくなった。今回、交番でなかったら巡回せずに町を守る"お守りさん"ではないかと考えました。

審査員：敷地の特徴に応じて設計をしているというのはよくわかるんです。でもちょっと趣味的なデザインかなと思うものもいくつかあって、全部の敷地で共通して考えているデザインの言語はあるのか、それぞれバラバラなのか。バラバラだとしたら、趣味的な、物語的なデザインはどこからくるのかを説明してもらえますか。

野澤：はい、デザインがすべて違うんですけど、設計するときにその敷地の32の交番全部を120km以上自転車でまわってリサーチをして、実際その敷地に立って聞き込みをしたり、通い詰めたときに経験からくるこういうかたちが合っているんじゃないかという考えも含まれていますし、その全部が特徴的なかたちっていうのを仰ってたんですけど、交番っていうのは見えることでそこにあることを、人が認識して安心するっていう役割もあると思うので、特徴的なかたちになっているっていうのは、必要なことでもあると考えています。

審査員：それぞれの敷地にふさわしいと思えるアイコン建築をつくったっていうことかな？

野澤：アイコン建築ということを目指してやっていたわけではないんです。結果的に特徴的なかたちになっているんですけど、それは守るっていう機能に貢献していることだと考えています。

審査員：既存の交番とシステムは違うの？お巡りさんがいない交番もあるとか。今までも建築家がデザインしたいわゆるデザイン交番みたいなのも点在しているよね。それによって起きていることと、今回の提案した交番によってできていることと違いはなんだろう。

野澤：はい、機能としては実際ある交番よりは広い意味で守る機能を追加していて、今の交番の機能も含まれているんですけど、もっと広い意味で守ることを追加しています。設計に関しては今の交番は閉ざされた交番が多いと思うんです。建築家の方が手掛けている交番もあると思うんですけど、基本的に閉ざされていて近寄りがたいようなものが多くて…。もっと地域の人が近寄りやすくて、拠点になるような設計にしています。

審査員：たとえば交番で万引きした子がつかまって、なにか取り調べをしているとそういうのも見えちゃう。それに、見守るっていうのは監視されているとも言えるよね。本来ならばホームレスの人たちの場所になりそうな橋の下が、いきなり権力に置き換えられてしまうという怖さみたいなのを若干感じるんだけど、そういうことに対しては何かありますか？

野澤：高架下の交番に関しては、市民の声で交番がほしいという話もあって選んでいる敷地です。警察官不足で空き交番というのが増えていて、そこにOBの警察官が自分たちが町を守ろうと動いている。堅い交番のイメージではなくて、従来の交番の機能もあるけれど、その殻を破ったことも出来ると信じています。

受賞者紹介 | Prize Winners

池田昌弘賞
MASAHIRO IKEDA AWARD

ID:008

早稲田大学　4年生

野澤 美咲
Nozawa Misaki

| クリティーク池田の作品講評 | Evaluation |

完成度としては相当高くて、すごく好評価の作品。建物は1つずつのアイコンで小さなものだが、現実に彼女の提案した建物が厚木にできたときに、交番同士のコミュニティのようなものが生まれるだろうな、と勝手に予測した。ポイントの点在している建築だがそれらを繋ぐ部分にも十分可能性を感じられ、建築を結びつけるものが風景として生まれて、それも一つの建築としてあり得ると思った。
池田賞に選んだ理由としては、ずっと1番始めに発表してきて、何も批評されないのに最後にいきなりいろいろ言われて大変だっただろうということもある。しかし非常にセンスが良くて、完成もしている、学生の設計としてはずば抜けていると感じたからである。

| 受賞者アンケート | Winners questionnaire |

□デザインレビューに出展したきっかけ
大学に入ったばかりのときから、レビューの本を毎年見て参考にしたりモチベーションにしていたので、いつか私も卒業設計を出そうとずっと思っていました。

□印象に残ったクリティークからの一言
池田さんが、小さい点をたくさん広げることによって全体の評価に触れてくださって、最初から狙っていたことを感じ取ってくださったのがすごくうれしかったです。

□作品制作のスタンス
自分の卒業制作として、自分が満足いくものを徹底的にやりたいと思いました。

□自身の強み
すごく優秀な後輩だとか親切にエスキスしてくださる先輩方に恵まれて、後輩とかもよくついてきてくれて、それがあってここまで来れたのかなと思います。

□模型制作費／構想・製作期間／製作を手伝った人数
制作費30万円／1年・5カ月／6人

□使用パソコン／ソフト
Mac／illustrator・photoshop・vectorworks・scketchup

□製作中つらかったこと
まず体力。あとは、建築の実物をつくれるわけではないので、自分の中で考えていることを言葉や模型、図面で相手に伝えるしかない。伝えることに一番苦労しました。

□好きな建築／建築家
豊島美術館／篠原 一男

□建築を始めようと思ったきっかけ
もともと場所や空間にすごく興味があり、友達のお父さんが事務所を開くときに手伝わせてもらって、それで建築を志しました。

□これからの目標
今回すごくいろんな先生方にコメントをいただいたので、それを活かしてもっと成長できればと思っています。

□今回の失敗したこと、反省したことは
時間の見積もりです。本当に全部ギリギリで何とかなったのが奇跡というくらい…。もう少しどうにかしたい。

□入選した感想
悔しい思いもあるけれど、本当にまわりの人たちの作品が刺激的で、入選者の人とも話す機会がたくさんあって刺激を受けました。本当に皆すごくて感動しました。

□最後に、来年出展を考えている後輩へコメント
審査の時には恐れずに考えをぶつけていいんだ、とすごく思いました。

島田 陽賞
YO SHIMADA AWARD

ID:036

佐野 智哉
Tomoya Sano

名古屋工業大学
4年生

Project

加子母大学

その場所から浮かび上がってくるような空間を目指す。敷地は岐阜県中津川市加子母村全体。この場所が持つ豊かさは、教えたい人、学びたい人が自然と集うような状態が散らばっていること。その場を形にし、学びの場を紡いでいくことで、大学としての空間が浮かび上がっていく。加子母の風景がいくつもの思いが集いつくられてきたように、ここで育つ思いを紡ぎ、浮かび上がる空間を目指すことで、これからの加子母の風景を提案する。

受賞者紹介 | Prize Winners

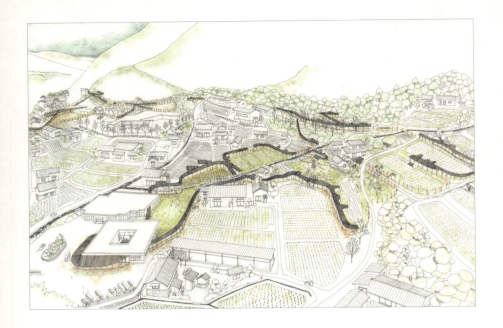

加子母大学

私は、その場所から浮かび上がってくるような空間を目指します。敷地は岐阜県中津川市加子母村全体です。ここへ訪れたときに、この場所が持つ豊かさに驚かされました。
それは教えたい人がいて、学びたい人が自然と集ってくるような状態があちこちに散らばっていたことです。
私には、その状態こそが学びの場の本来のあり方のように感じました。その場を形にし、教室を紡いでいくことで、大学としての空間が浮かび上がってきます。
今までの加子母の風景がいくつもの思いが集いつくられてきたように、ここで育つ思いを紡ぎ、この場所から浮かび上がってくる空間を目指すことで、これからの加子母の風景を提案します。

01.SITE

岐阜県中津川市加子母村

02.CONTEXT

教える人、学ぶ人が自然と集まる学びの場が存在する

地域のあちこちに学びの場が散らばっている

03.PROPOSAL

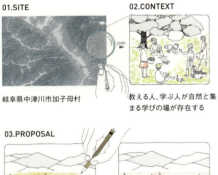

学びの場を見下ろすように、山と村の境界に線を引く

学びの場へ登校するように動線を村へ引き、教室を囲う

建築を守ること=山を守ること加子母の風景をつくる

受賞者紹介 | Prize Winners

01.SITE
岐阜県中津川市加子母村

01.背景に広がる山	02.立ち並ぶ木々	03.民家＋庭	04.畑	05.田んぼ	06.公民館＋役所兼図書館	07.コミュニティセンター	
08.保育園	09.多賀神社	10.お祭り(学園祭)	11.バス停	12.山の講	13.水路	14.薪	

02. CONTEXT
i 学びの場について

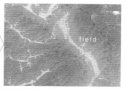

13c：都市　open　　現状：都市　closed　　提案：山村　open

地域全体を大学のフィールドとする教室空間が既に成立している

ii 加子母の現状について

　　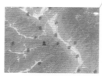

約1000世帯 3000人
山を生業として生活を営み、歴史文化が根付いた場所

いくつかの大学が加子母を訪れ活動を行っている現状から「いくつかのサテライトキャンパスが集積している」と捉えられる

大学ごとが様々な活動行っているため、地域全体に教室が散らばっていると考えられる

03. PROPOSAL

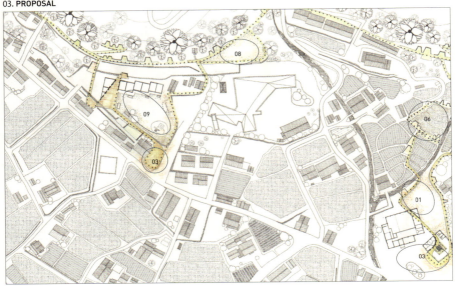

i 学校のしくみ

地域住民〈先生〉… 空間を利用し支えている

学びたい
いろいろな大学の学生〈生徒〉… 地域住民の場所にお邪魔する

田んぼ　畑　森
オープンスペース〈教室〉

学生と地域住民が協力して維持管理

ii 学校のつくりかた

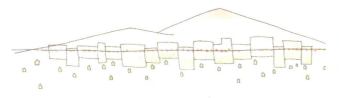

加子母村は〈1000坪割〉というしくみによって、住民の90%近くが山を小さく所有している。
ラインを一本通し、その場所の木を使い、その場に建てていくことは、一軒一軒ごとの山を守ることと繋がり、建築を守ること＝山を守ることとなる。そうすることで、山を通じて大学と村との関係が自然と育まれる。

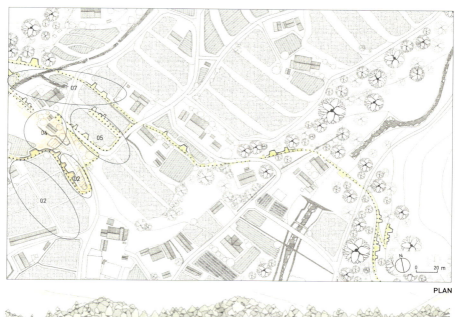

PLAN

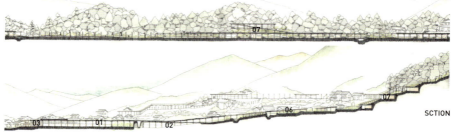

SCTION

01:講堂
公民館の講堂が外部に染み出ることで木陰やゆるやかな丘が講堂となる
02:図書館
老朽化した公民館+役所兼図書館の上層階を減築し、その分の書庫や会議室が大学の廊下に染み出していく。田んぼや芝、川沿いなど好きなところで読書をする
03:バス停
旧道に対して大きな庇として姿をみせ、既存バス停を包む。大学の玄関

04:ホール
神社のある中心部が大学のホールとして行事を行う場となる。地域のお祭りが学園祭として開催される
05:音楽室
風の音、水のせせらぎ、鳥のさえずり。自然に囲まれた音楽室
06:食堂
畑・田んぼを囲んだ食堂。そこで取れたものを使って調理

07:学生寮
山と村の境の等高線に沿って、大学ごとのサテライトキャンパスが点在し、一本の道をつくる。秘密基地のような寮
08:広場
コミュニティセンターに寄り添った広場
09:グラウンド
園児達と一緒に遊ぶ場

iii 空間構成要素

ライン［廊下］
柱を立てる

クランク［ロッカー］
穴を掘る

オープンスペース［教室］
囲いとる

山村に広がる既存の要素をそれぞれ〈ライン・クランク・オープンスペース〉と捉え、各要素を紡いでいくことで、一つの大学を構成する。

講堂 ー 図書館

役所から公民館へ渡り廊下を抜ける途中、講演を行っている。図書館の方からも人が集まり、次第に人が増えていく。

畑 ー 食堂

田畑に囲まれた食堂。そこで取れた野菜を使って料理をして、木陰で食事。

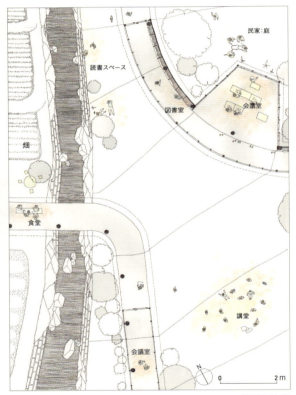

DETAIL PLAN

受賞者紹介 | Prize Winners

Presentation
of the Finalists

Presenter
ID:036

僕は、ある日の夜に一人の農家の人に出会いました。その農家の人は「大学を造りたい」と、本気で言っていました。その時に一緒にいた人たちが、自然とこう言いました。「ここだったら、僕が理事をやるよ」、「私が先生をやってもいいかもな」、と。一緒に大学にいた先生たちがそのように言って、その状況が今後の街づくりのあり方だと僕は感じました。今までの建築家が絵を描いて建築が建っていくようなことではなくて、このように自然と手が挙がっていくような状態で建築していくべきなのではないかと思いました。そこで、僕は建築家としてここで大学を提案しようと思い、手を挙げます。「加子母大学です」。敷地は、岐阜県中津川市加子母の中桐区という場所で提案します。ここは、街の中心として役所や公民館、コミュニティセンター、保育園だったりが集約されているような場所です。この敷地に対して僕は、調査をしていろいろな要素を拾ってきました。背景にある山だったり、立ち並ぶ木々だったり、黄金色に光る風景だったり、真っ白に光る風景、田んぼ、畑、公民館、コミュニティセンター、水路など。その拾っていった要素をプロットしていきつつ、ゾーニングを進めていきました。次に、コンテクストについて説明します。まず、学びの場については、中世ヨーロッパ13世紀のころの都市部に列柱が並んでいるような所に唱える人がいて、人通りが多い所を選んでいたということから、広場や橋に学びの場が自然発生していました。しかし、現在はインフラが整った交通が便利な場所だったり、都市部にまず建物を建てて、そこに人を集めて学ばせているというような状態で、均質な教室空間が並んでいる場所です。それに対して、加子母はまず学びの場があり、そこに人が集まって、教室があると思いました。加子母の現状については、京大や東京芸術大学、武蔵野美術大学など、全国からいくつものキャンパスが集まって1つの大学になっています。その大学があちこちで活動を行っていることから、地域全体のフィールドと捉えることができます。次に、学校の仕組みについて話します。まずこの学校は、地域住民が利用しつつ支えていると想定しています。そこに学生のような、「知りたい」「学びたい」と思っている人たちがおじゃまするという形のプログラムになっています。学生たちも、田んぼや畑、森といったオープンスペースで地域住民と交流しながら学びつつ、学生と地域住民が協力して維持管理を行っていくという仕組みを取っています。つくり方については千坪割りというような仕組みがあって、そこを通ることで山を守っていき全体を守っていく。その山を通った人と学校と住宅に住む人たちが関係を持つことで、山を守っていくという教育プログラムがそこで生まれていくのではないかと思っています。次に、コンポーネントについて話します。まず、山村に広がる既存の要素をライン（廊下）、クランク（ロッカー）、オープンスペース（教室）という3つに分類しました。それぞれを、廊下と学校のロッカーのような場所と捉えて、各要素を繋いでいくことで1つの大学とする提案を行っています。まず、ライン（廊下）について説明します。廊下は既存のあぜ道だったり、水路だったり、石垣だったり、道路だったり、橋だったり、神社の参道だったり、木が林立している場所だったり。その場所に柱を建てるという操作を行っています。次に、クランク（ロッカー）という場所についてです。ここは、山の蜂起の祠だったりだとか、蜂を育てている小屋だったり、用具を入れている小屋だったり、工房だったり、バス停だったり、既存の公民館だったり、保育園だったり、コミュニティセンターだったり。そのような場所に穴を掘るという操作を行っています。次に、オープンスペース（教室）について話します。オープンスペースは山や畑や田んぼだったり。そのような場所を囲い込むという方法で教室空間としています。このように、地点に沿うような形でつくっています。こちらが断面図なんですが、上が学生寮のラインで、背景に常に山があり街を見下ろすようにあります。

Selection
of Award Winners

受賞者選抜議論

審査員：なぜこの場所にいくつもの大学が集まっているのですか？その魅力も一緒に教えてください。
佐野：ここの人たちは山の木を育てるということから自分の人生の先のことを考えてます。100年だったり200年先の子孫に残すということを考えている人たちが多い。この技術を残したい、この町を残していきたいという人が本当に多くて、そういう人たちが集まっているからこそいろいろな取り組みが行われているんです。
審査員：で、大学が集まるっていうのは？ PR？
佐野：PRもしていると思うんですけど、継続的に続いているということは、残したいという地域住民の協力があるから。ここはオープンな場所で、外部から来た人たちを快く受け入れて活動が続いています。1つの活動が派生して、いろんな人たちをどんどん連れてきて、大学が増えてきた。僕たちは、今年から入ったんですけど、木匠塾は19年前から始まっています。
審査員：なぜ道を建築化するのか教えてほしいんだけど。
佐野：山と街との境界線沿いに1本道を通すということが林道をつくるという意味で、道のような列柱を造ろうと思いました。
審査員：これ全部で、どのくらいの時間で行けるものなの？
佐野：町自体は全長10kmあります。こっちからこっちまでは600mくらいです。大学の施設が点在してて、それが繋がった細長い大学っていうものは有りなんじゃないかなと思っています。そこを学生が上り下りする。そして地域住民が活用しているあぜ道だったり水路をゾーニングしていっています。
審査員：これは建築として建ち上げる切実さがあるんだろうか。風景も町もすでに良くてみんな集まってるんだから、建物から建物に移動するときに、むしろこんな廊下通らないで、風景のいいあぜ道とかを歩いたほうがいいんじゃないかなって。
佐野：最初は柱だけ建っているだけでも…。
審査員：柱も必要なのかな。
佐野：田んぼ沿いに柱が立っている風景もいいんじゃないかなって思うのと、活用されると思うんです。稲をかけたりするじゃないですか。秋になると。
審査員：本当に稲を乾かしてたら、みんな迷子になっちゃう。例えば、すごい豪雪地帯だから冬はこれがあるとすごい良いんだとか、そういうのがあるのかなって。
審査員：すごい雨が降るから屋根がある方が移動できるから良いとか、そういうのもあるだろうし。
佐野：そうですね。あぜ道のような場所は、すぐ横にあるので、やはりこういった屋根がかかった倉庫みたいな場所があって、そこをちょっと拠り所にしてそこで休憩しながら、田んぼを見下ろしながら会議をするだったり、そういうような活動が良いんじゃないかなと思っていたので。全体に、こういうあぜ道だったり川のような場所が広がっているので、部分的にこういう柱が立っていて、内部空間があるっていうような場所があっても良いんじゃないかなと思っています。
審査員：部分的に屋根がかかっていて良いんだけど、埋めなきゃ、繋げなきゃみたいな脅迫観念がどうも…。
審査員：居場所を点在させるのは活用してもらえるんだろうけど、どうして道にしなきゃいけなかったのかが知りたい。
審査員：いつのまにか室内になっているとか、そういうこと？
佐野：はい、そういうことです。
審査員：屋根かけるんだよね。
佐野：そうですね。
審査員：いわゆるアートワークですって話だよね。
佐野：アートワーク…。柱だけ立っている場所も良いと思うんですけど。
審査員：道を建築化したのはそこではないんでしょ。
佐野：山の木が立っている間隔がそのまま続いているようなイメージです。木は最初1820mm間隔で植えるんです。でも50年くらい経ったら、間引きされて大体4mくらいの間隔になっていくってことだったのでその間隔にしています。

受賞者紹介 | Prize Winners   120

島田陽賞
YO SHIMADA AWARD

ID:036

名古屋工業大学　4年生

佐野　智哉
Tomoya Sano

クリティーク島田の作品講評　　Evaluation

岐阜県中津川市の山間にある旧加子母村に大学を作る試み。今回厚みのあるリサーチが設計の強度を支えている提案が多かったが、その中でもリサーチが卒業論文でもある彼の提案は群を抜いていたといえる。山の斜面への道を建築化する提案で畑や森をオープンスペースとする縁側の連なりのような魅力的な場所を作り出していた。興味深いことに近年、学生の離島や山間への提案で道を建築化する提案が散見され、その同時多発的な共時性は興味深い。内外部が繋がりやすく、多様な空間を生成しやすいのだろうか。

受賞者アンケート　　Winners questionnaire

□デザインレビューに出展したきっかけ
先輩が楽しかったと言っていたため。

□印象に残ったクリティークからの一言
単純に面白いと言ってもらえたこと。

□作品制作のスタンス
いい空間を作ること。そのために興味のあることを経験し、その経験を投影すること。

□自身の強み
やりたいことをやっていること。

□模型制作費／構想・製作期間／製作を手伝った人数
制作費20万円／6カ月・1カ月／8人

□使用パソコン／ソフト
Mac／illustrator・photoshop・vectorworks

□製作中つらかったこと
大変だったが楽しくやれた。

□好きな建築／建築家
ロンシャン／コルビュジエ

□建築を始めようと思ったきっかけ
コルビュジエの展覧会で、ずっとドミノみたいなのからロンシャンを観て、こういうのができるんだ、なんでこうなったんだろうって疑問を持って、やる気が出た。

□これからの目標
これから加子母に行って、小さいものからでもいいから実際に何かできたらいいなと思ってます。

□今回の失敗したこと、反省したことは
内部空間だったり、建築全体を考えるのがすごい大変だったので、詳細とか内部とかを考えきれなかったというのをプレゼンテーションに来る前から感じていた。来てからも根本のところをしっかり考えられていなかったし、言い切れていなかったところ。

□入選した感想
嬉しいです。今までそんなに評価されなかったので、加子母の人たちや手伝ってくれた人たち、家族などに、入選したよと伝えたい。自分が今までやってきたことが間違ってなかったと分かったことが、これからも続けていこうという気持ちにさせた。

□最後に、来年出展を考えている後輩へコメント
実際に話したり、議論していくというのは本当にいい経験になる。ぜひ参加すべきだとお勧めします。

山下 保博賞
YASUHIRO YAMASHITA AWARD

ID:088

楠本 鮎美
Ayumi Kusumoto

立命館大学
3年生

Project

魚と人が融和する
［面的魚道空間］

敷地は滋賀県近江八幡市。ここでは琵琶湖の内湖である大中の湖の大規模干拓や、堤防形成が行われ、人の生活の豊かさを求めたゆえに魚の居場所が奪われた。そこで、魚道を用いて魚と人が共生できる空間を提案する。通常の線的な魚道を面的に広げることで、分断されていた魚の領域と人の領域が混ざり合い、魚と人が融和する親水空間となる。

居場所を奪われた魚

■大規模な水域の減少

戦前、滋賀県近江八幡市には「大中の湖」という内湖があった。

戦後、大中の湖は大規模に干拓され、水田地帯となった。

■内湖 ⇔ 水田の関係性の喪失

魚の回遊様式による分類

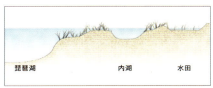

大中の湖にいた魚類は回遊様式の違いによってそれぞれ琵琶湖・内湖・水田のどれかを居場所としており、この3つの水域を様々な魚が行き来していた。

堤防の出現

近年、圃場整備により、内湖と水田の間に堤防ができ、魚は水田へ遡上できなくなり、内湖と水田を行き来していた魚の居場所が奪われた。

魚の居場所を取り戻すために

■残された水域に現存する琵琶湖 ⟷ 内湖の関係性

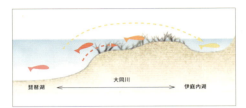

干拓後、大中の湖の残された水域は大同川と伊庭内湖になった。ここでは大同川により琵琶湖 ⟷ 内湖の関係性が保たれているため、そこを行き来していた魚が現在も生息している。

■残された水域における内湖 ⟷ 水田の関係性の復元

1. 用水取入口の利用

伊庭内湖からきた魚が用水取入口から水田へ遡上できるようにする。

2. 高低差の問題

伊庭内湖の水位と水田地帯の標高には約2mの高低差がある。

3. 高低差をなくすために

魚のゆりかご水田

水路と水田の高低差をなくすため、水を板で少しずつせき止めることによって、水路に階段のような魚道を作った水田。これを利用して伊庭内湖と水田の高低差をなくす。

魚と人の融和

■魚道の操作

水田　魚道　水田

水田の中に通った
直線的な魚道

線的なもので各段が
仕切られている

面的な魚道の中に
水田を配置する

水田　魚道　水田

面的なもので各段を仕切る

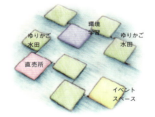

ゆりかご水田　環境学習　ゆりかご水田
直売所　　　　　　　　イベントスペース

それぞれの面はゆりかご水田だけ
でなく、人の様々な活動の場とな
り、魚と人が融和する

魚道空間から水田地帯へのグラデーション

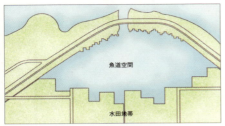
1. 面的に広がった広大な魚道空間を作る。

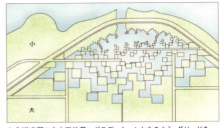
2. 魚道空間から水田地帯へグラデーションとなるよう、グリッドを少しずつ大きくしていく。

3. 周辺の様々な動線を魚道空間まで伸ばす。

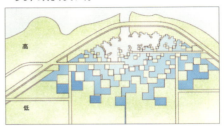
4. 水位を水田地帯の標高まで少しずつ下げていく。

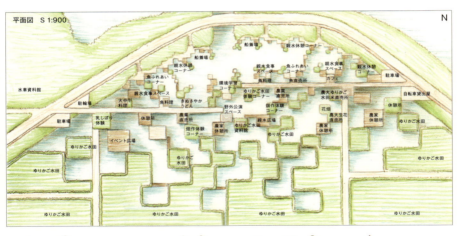

親水広場で水遊び

大自然の中で食べる特産物

ゆりかご水田で魚つかみ大会

農業大学生による研究発表の場

Selection
of Award Winners
—
受賞者選抜議論

楠本：敷地は琵琶湖の内湖の干拓地なんですけど、このダイナガコっていう広大な湖が干拓されたことと、堤防が建設されたことによって、元々いた魚の居場所が失われてしまいました。その居場所を取り戻すために、魚道というものを用いて、魚の居場所を取り戻そうと考えました。魚道というものはどういうものかというと、模型を見てもらったらいいんですけど、こういうふうに階段のような水路をつくって、水田と水域と高低差をなくして魚が水田に遡上することができるような水路をつくるっていうものが魚道です。この魚道を利用しようと思ったんですけど、そのまま利用するのではなく水田の中に直線的に通っていった魚道を逆に面的に広げてその中に水田を配置することにしました。で、その面的に配置したものたちが水田だけでなく人々の様々な活動も配置することによって分断されていた魚の領域と人の領域を混ざり合わせて人の魚が融和できる空間をつくりました。

審査員：おもしろいね。

審査員：これは何でしょうか？

楠本：これは、面的に広がった魚道空間をつくりました。もともと大中っていう湖があったんですけど、そこが干拓されたり、堤防が形成さたことなどによって、魚の居場所が失われてしまいました。そこで、魚道で魚の居場所を取り戻そうと考えました。魚道とは、水田と水域の高低差を合わせるための階段のような水路です。ここを魚が遡上して、水田まで辿り着くことができる、魚を助けるための水路です。従来の魚道は直線的に通った水路なんですけど、それを面的に広げようと思いました。面的に広げたことによって、分断されていた魚の領域と、人の領域が混ざり合って、魚と人が共生して、融和できるような空間づくりを提案しました。

審査員：なるほど。田んぼの手入れが大変そうだね。

楠本：そうですね。でも棚田みたいなイメージで・・・。

審査員：棚田は大変だから廃れちゃった訳なんだけどさ。

楠本：逆に、観光地として盛り上がってきている。

審査員：観光地としてはね。でも量としては微々たるものだよね。これは観光地になればいいっていう考え方？

楠本：この水田はゆりかご水田っていうものなんですけど。どういうものかっていうと、魚は水田を遡上することが必要なんですよ。その魚たちを助けるための水田であって、それを、外からやってきた人たちが稲刈り体験とか、遡上した魚を捕まえたりして、遊び場所などつくって、人が来ることによって魚の居場所が発展して助けられるような空間にしようと・・・。

審査員：これって湖だから上にはポンプアップするわけ？どういうこと？流れ込んで来てるわけ？

楠本：この敷地ではこういう状況になっていて、現在はここに射場内湖っていう別の内湖があって、干拓地がこっちにあって…。

審査員：こう流れて来て全部埋まっちゃったりしないの？

楠本：これを面的な水域でコントロールできるようにします。

審査員：へー。これほんとにできるの？

楠本：あっ。私はできると信じてます。

審査員：これ出来たら面白いよねー。すごい観光地にもなるし、俺ここできたら、俺住みに行くわ。

楠本：あっ、はい。(笑) ここ元々観光できるようなとこが全然なくて、その経済的な効果が魚の住処を守ることにも繋がるなーって。

審査員：へーー。住みたーい。

楠本：ありがとうございます。

審査員：住めるの？住めるお家は。

楠本：もともとこれはお家とかではなくって、農家が住んでいるんですけどその直売所とか直産物…

審査員：え、俺の別荘作ってよ。(笑)

楠本：え、あ、それは…。(笑)

受賞者紹介 | Prize Winners

山下保博賞
YASUHIRO YAMASHITA AWARD

ID:088

立命館大学　3年生

楠本 鮎美
Ayumi Kusumoto

クリティーク山下の作品講評 | Evaluation

この作品は、私の個人的な興味のみで選ばせてもらった。私自身が小さい頃から、アウトドアでの遊びが好きで、特に釣りやキャンプが好きなため、ゆくゆくは海か湖のそばで小さな小屋を持ち、釣りをしながら暮らしたいと思っていた。楠本さんの案は、私の個人的欲望を見事に解決するような案であり、私が思っている以上に魚のことやその敷地について調べあげたものの蓄積を評価したいと思った。できるならば、私が生きているうちに現実化してもらいたい。

受賞者アンケート | Winners questionnaire

□デザインレビューに出展したきっかけ
学内で取り組んでいた時に悔しい結果に終わってしまった作品をブラッシュアップし、学年や学校の枠を超えた幅広い方々に見ていただきたかったから。

□印象に残ったクリティークからの一言
ここに住みたいと言われたことです。

□作品制作のスタンス
問題を解決したいという思いです。今回であれば、人によって魚の居場所が奪われるのはおかしいと思い、人も魚も豊かに暮らすにはどうしたらよいか考えました。

□自身の強み
粘り強さだと思います。

□模型制作費／構想・製作期間／製作を手伝った人数
制作費2万円／3カ月・1カ月／0人

□使用パソコン／ソフト
Windows／illustrator・photoshop・scketchup

□製作中つらかったこと
模型のプレゼンもすべて一人で作り上げたので、提出直前に体調を崩して作業を進められなくなったこと。

□好きな建築　建築家
ブリオン家の墓地／カルロ・スカルパ

□建築を始めようと思ったきっかけ
建築に限らず何かをつくり出すことに興味がありました。建築家が自分の考えたものを実際につくり、そこで利用者によって新たな人生がつくられるのは、すごい大きなことだと感じ、そういうものに携わりたいと思いました。

□これからの目標
まだ3回生なので、これから卒業設計という大きな課題があります。そのテーマを考えるにあたって今まで学んできたことをすべて出し切れるように頑張りたいです。

□今回の失敗したこと、反省したことは
プログラムについてですが、こうしたいなというのがやんわりしていて、形にできなかったことが失敗です。

□入選した感想
まさか自分が選ばれると思っていなかったのですごくうれしいです。あと、昨日のポスターセッションで、「ここに住みたい」と言われたことが本当にうれしかったです。初めて出展したのですが、本当にいい経験になりました。

□最後に、来年出展を考えている後輩へコメント
デザインレビューは、100選という大きな枠でもクリティークの方と1対1で話せる機会があり、他のコンペとは違う経験ができるのでぜひ出展してください。

JIA賞
JIA AWARD

永井 心くん賞
SHIN NAGAI AWARD

ID:O32

白石 レイ
Rei Shiraishi

九州大学
4年生

Project
生きるために、死ぬ建築。

精神障害者。それはただのもう一つの世界。彼ら、そしてひいては私たちが生きるために、この建築は死んでいく。建築が死んだとき。それは統合が完了したとき。

受賞者紹介 | Prize Winners

JIA賞
JIA AWARD

ID:００**4**

藤原 和也
Kazuya Fujiwara

九州大学
4年生

Project

ひとつながり
［町を巻き込む保育のみち］

保育から始まる人つながりの地域拠点を計画します。保育園の送り迎え、その帰り道はそのものが町の保育の一環として成り立っていました。しかし、今では車に因る家と園の往復、二つの世界しか園児は知り得ません。そこで暮らしの道を巻き込む建築を提案します。ひとつながりの二重螺旋によって縦に車、大人、子供とスケールの変わる空間を、横に多様な暮らしの風景を与え、保育園を中心とした町の未来像を描きます。

受賞者紹介　│　Prize Winners

JIA賞
JIA AWARD

ID:O62

木村 茉那美
Manami Kimura

九州大学
4年生

Project

追憶／彼方への架け橋

一つの閉ざされた箱の中で決まった段階で進められていく葬儀ではなく、自分の意志によって、自分の足で歩くことによって進められていく体験的な葬儀の場。思い出の品を物置にしまったり、捨ててしまったりするのではなく、整理・保管し、いつでも見に来て故人との思い出に浸ることができる体験的な追憶の場。大切な人を失ったとき、残された人が故人を偲ぶ場の設計。

受賞者紹介 | Prize Winners

DR × 会場係

Design Review × venue clerk

決まった広さの会場に、いかに見やすく作品を配置するか。試行錯誤は開催当日まで続いて…。

Column **1**

九州大学 2年生

小川 拓郎
Takuro Ogawa

あの時の戦いはきっと忘れることはないでしょう（笑）

僕はひょんなことから福岡デザインレビュー2014の実行委員に志願しました。最初志願していた人は少なく、その場にいる人はほとんどが重要な役職に就かなければならない状況でした。僕はそのことに大きな不安を覚えましたが、友達たちはみんな自らの思う役職に就いていき、なかには部長になる子もいて本当に尊敬しました。僕は先輩に、そんなに大変じゃないよ？とそそのかされて、運営部の会場係に就くことになりました。会場係の仕事内容を知った時には思わず冷や汗が出ましたが、自分の状況をありのままに受け入れて頑張り抜くことに決めました。それからは毎日が飛ぶように過ぎていきました。

ぐりんぐりんは会場としては小さく、かなりの工夫が必要だったので、デザインレビュー期間中はずっとCADと睨めっこしていました。良いレイアウトにするために多くの人を頼り、最終的には手ごたえのあるレイアウトが完成しました。次の試練は、このレイアウトに実際の模型が収まるの？ということで、出展者の方々から模型のデータが送られてくると、またCADと睨めっこが始まります。こうなったらもう、何があっても収めてやる！というような気概でした。無事に収まると、今度は、このレイアウトを実際にどう配置するの？という試練が。これも、試行錯誤の末どうにか配置できました。この時点で会場係の試練は終わったと思いひと安心していましたが、本当の試練が起こったのは本番でした。本番というのは怖いもので、問題が起こっている傍らで実際に大会は進んでいきますから、知る人ぞ知るあの時の戦いはきっと忘れることはないでしょう（今でこそ笑い話ですが）。

福岡デザインレビュー2014は最終的に50名を超えるほど多くの人が実行委員として関わり、また、学生やクリティークの方々をはじめ本当に多くの人々を巻き込んだ、とても大きなものになっていました。自分の考えたレイアウトが現実に1:1で立ち現れるという貴重な経験ができたこと、そしてデザインレビューが引き合わせた多くの出会い、つながり、そして試練に感謝します。

DR × 財務

Design Review × Finance

協賛金で運営されるデザインレビュー。慣れない営業活動に四苦八苦するなかで、確かなやりがいを見つけた財務担当の話。

Column 2

九州大学 3年生

前野 眞平
Shinpei Maeno

協賛金のお願いがスムーズに話せた日、あの日食べた餃子カレーは本当に美味しかった。

福岡デザインレビューでは、市民の憩いの場が一変してスタジアムとなり、2日間限定で熱い議論が繰り広げられ、次の日には何事もなかったかのように穏やかな空気を取り戻します。今年は福岡と佐賀の大学生が中心となって運営を進めて参りましたが、その根本を支えてくださったのは、福岡をはじめ九州各地で建築に携わる社会人の方々です。資金集めを担当することが決まった当初の「うまく交渉して協賛をいただけるのだろうか」という私の不安は、企業を訪問する度に徐々に消えていきました。みなさん、学生のイベントに惜しみなくお金を出してくださるのです。

しかしながら、大人を相手にかしこまった場で交渉を重ねるという体験は人生で初めてのことで、うまく話せない日は噛みに噛んでクスッと笑われ、落ち込みました。逆にあれは本当に自分だったのかと思うくらい舌が回り、会話が弾んだこともありました。その日の夕方食べた有名チェーン店の餃子カレーが本当に美味しかったのをよく覚えています。

大手企業や個人設計事務所の訪問を通して感じたのは、福岡の建築業界は多様でエネルギッシュだということです。お忙しい中、私をオフィスへ案内してくださり、部外秘のプロジェクトのエスキース模型を見せてくださった社長さんや、若手建築家のトークイベントへ招待してくださった設計事務所の主宰の方、そしてイベントの協賛廻りの極意を説いてくださった方。年齢は様々でしたが、皆さんに共通していたのが「建築学生にもっとがんばってほしい」という想いでした。

だからこそ、このように全国から熱意溢れる学生が集うイベントに積極的に協力してくださるのだと思います。社会人と学生が一体となるこの有意義なイベントが、今後も衰えることなく続くことを願っています。

All exhibitors
Introduce list

全出展者紹介

**Exhibitors of
Fukuoka Design
Review 2014**

- 最優秀賞
- JIA賞
- 優秀賞
- 審査賞
- 永井心くん賞　※詳しくはP132・P214

No.	氏名	大学	No.	氏名	大学	No.	氏名	大学
001	河本 淳史	神戸大学	033	佐々木 夏輝	福岡大学	065	上西 徹	岡山理科大学大学院
002	吉山 由里架	九州産業大学	034	吉田 優子	九州大学	066	松尾 沙耶	武庫川女子大学
003	福滿 奈々美	九州大学	035	玉田 圭吾	九州大学	067	平田 千裕	九州大学
004	藤原 和也	九州大学	036	佐野 智哉	名古屋工業大学	068	西原 輝匡	福岡大学
005	小山沢	九州大学大学院	037	大田 敏郎	武蔵野美術大学大学院	069	山田 泰輝	九州大学大学院
006	原田 直哉	鹿児島大学	038	弘田 翔一	近畿大学	070	福嶋 有希	佐賀大学
007	伊藤 舞	名古屋市立大学	039	堀江 希良	慶應義塾大学	071	中野 由美子	神奈川大学
008	野澤 美咲	早稲田大学	040	足立 太一	名古屋大学	072	成瀬 壮太	和歌山大学
009	神出 顕徳	近畿大学	041	白岩 透	工学院大学	073	深澤 尚仁	九州大学
010	久保 晶子	大阪市立大学	042	時 祐太	佐賀大学	074	岡田 眞二	立命館大学
011	吉永 佳樹	近畿大学	043	坂本 晃啓	和歌山大学	075	角谷 卓哉	関西大学
012	伊藤 誠人	芝浦工業大学	044	半田 千尋	東海大学	076	山本 将太	名城大学
013	田川 理香子	九州産業大学	045	樋口 卓史	日本大学	077	鳥山 愛里	立命館大学
014	石橋 一弥	九州産業大学	046	古賀 裕子	九州工業大学	078	山縣 一葉	立命館大学
015	伊達 一穂	九州大学	047	古泉 果菜	九州産業大学	079	加藤 福子	名城大学
016	鈴木 翼	工学院大学	048	太田尾 康平	九州産業大学	080	大矢知 良	名古屋工業大学
017	奥田 祐大	九州大学	049	松尾 聡	九州工業大学	081	中村 慧睦	神奈川大学大学院
018	荻原 林太郎	前橋工科大学大学院	050	市古 慧	九州大学	082	橋本 菜都美	滋賀県立大学大学院
019	土井 彰人	九州大学	051	黒木 悠香子	九州大学	083	片山 英	京都大学大学院
020	森 隆太	九州大学	052	小水流 悠亮	九州大学	084	岩丸 悠生	日本文理大学
021	吉田 智尋	九州産業大学	053	大宮 風香	近畿大学	085	新井 健治	工学院大学
022	森 詩央里	九州産業大学	054	古川 善貴	九州大学	086	市川 雅也	立命館大学
023	副田 和哉	佐賀大学	055	宮野 弘詩	佐賀大学	087	谷口 寛明	京都工芸繊維大学
024	永曾 あずみ	椙山女学園大学大学院	056	渡邊 紗緒里	熊本県立大学	088	楠本 鮎美	立命館大学
025	川上 直人	九州大学	057	宮城 絢子	工学院大学	089	芳野 航太	熊本大学
026	浅田 龍太	滋賀県立大学大学院	058	白石 稜	山口大学	090	佐々木 雅宏	慶應義塾大学大学院
027	茂中 大毅	岡山理科大学	059	木本 諭志	京都工芸繊維大学	091	山崎 拓	滋賀県立大学大学院
028	倉知 寛之	京都工芸繊維大学	060	村上 尊由	佐賀大学	092	土屋 大悟	九州産業大学
029	川田 裕	工学院大学	061	中村 健一	九州大学	093	谷口 日奈子	福岡大学
030	内田 大資	佐賀大学	062	木村 茉那美	九州大学	094	相馬 貴文	九州大学
031	井上 桂輔	北海道大学	063	宮崎 瑛圭	滋賀県立大学	095	早川 侑	明治大学
032	白石 レイ	九州大学	064	渡辺 駿悟	神戸大学			

ID:005
Project

空隙が紡ぐ都市のリズム

九州大学大学院 修士2年生

小山 沢
Sawa Oyama

CONCEPT>>

まちにはリズムがある。界隈性のある雑多な街を歩き、急に大きな広場へ出て、ふと身体が放られたような感覚を覚える。私は人の動く視点から見た空間の抜けのリズムが都市には潜んでいるかもしれないと考えた。本提案では、建築群の地形によって創出される、その逆空間である空隙(=void)を、人の歩き回る動的視点によりあぶり出す分析を行う。生身の身体でまちのリズムを捉えることでより豊かで味わい深い印象をまちに残す建築を提案する。

SESSION>>

クリティーク山下×ID:005小山沢

小山:この敷地模型を見てください。この敷地の、ボイドが切り取られたようなすり鉢状のボイドがある都市の地形に注目しました。そこで私は自分が動くことによって感じられる視点について、「視覚立体」というものを設定しています。

山下:その「視点立体」というのは他の人の理論？それともあなた自身の定義？

小山:はい、私の定義です。そして、自分の動くことで得られるリズムというのがあるのではないかと考えました。そのリズムをより明快に感じられるアクセントとしてこの建築を挿入することで、自分が体験する動的状況を生み出しています。

山下:用途としては何？オブジェクト？

小山:ギャラリー、メディアスペース、ライブラリーといった公共施設です。今まで駐車場として利用され、通り過ぎていたものが留まる場所を想定しています。

山下:もったいないな、ここまできたのに。あなたは用途を考えるべきだね。普通にギャラリーだったら面白くない。あなたのオリジナリティはすごく面白い。それを使ってこの町を新しく喚起していこう。だけど、喚起する時の用途に対して既存のものを持ってきたというのは非常にもったいない。ここは建築展だから、あなたがプロセスに興味を持っているとしても、それを応用して新しい建築として何があるんだというのをいわなきゃいけない。プロセスを見せる学術論文の場ではないから、そこにやっぱり合わせないとね！

ID:O18

Project

雑の気配

前橋工科大学大学院　修士1年生

荻原 林太郎
Rintaro Ogiwara　　共同制作者：藤原 芳博

CONCEPT>>

消えていく風景のなかに、古びた階段や、付け足されたバルコニーの作り出す、不思議な魅力をもつ空間を見つけた。これらの空間は合理性などの通俗的な価値観では捉えられない。それら本来何らかの用途を持っていた場所を、住人は生活する中でそれぞれの価値観で読み替えていく。それは個人的であるがゆえにクセのようなものである。そのような"雑さ"を気配として共有する、人間臭い性質を垣間見せるような集合住宅を提案する。

SESSION>>

クリティーク島田×ID:018 荻原林太郎
萩原：街の中で面白い要素のあるものが減ってきていて、ここで何をするかの先入観が少ないと思うんですよ。それを集めて集合住宅にしています。そのものに対する行為を自分で読み替えて使っていくのではないかと考えていて、出てくる癖のようなものが一人ひとり違うので、集合すると雑然としていて、一人ひとりの個性は見えるがそんなに気にならない。
島田：集めてきた集合住宅みたいなものが提案されているんだね。どうやって雑然としてないと言えるの？
萩原：街の中では距離が広くて異質なものになっていると思います。そこに住んでいた人は必然だったから住めていて、新しくそこに住もうという人は目立ちすぎて住みにくいと思う。それが集まることによって、自分にも他にも特質があることで気にならなくなる。
島田：分かりました。

SESSION>>

クリティーク長谷川×ID:018 荻原林太郎
萩原：街の中にあるこういう面白いものを持ってきて…これなんですけど、これっていうのが新しく住む人にとっては価値の読み替えみたいなものが起こるんじゃないかなって思っていて、そういうものが集まっていると、このなんか…1つ1つが個性があるんだけど、そのホワイトノイズみたいな感じに自分も個性があるんだけど他も個性があるから雑然としていて気にならないような状況が作れるんじゃないかなって思っていて。1番やりたいことはその、こういうものっていうのが個性はあるんだけど、ものに対してこういう風に使うっていう先入観が少ないと思うんですよ。そういうのを、特に新しく使う人は行為の読み替えみたいなのができるんじゃないかと考えています。
長谷川：ちょっと面白そうだ。ちゃんとプレゼンしないともったいないよ。君前橋から来てるんだろ。

ID:026
Project

Re;scaled Life
ーアウトドア的戸建てコミュニティの提案ー

滋賀県立大学大学院　修士2年生

浅田　龍太
Ryota Asada

CONCEPT>>

環境、人、自然に配慮した良い家を安く建てようと奮闘している大工の知恵と、機能的でシンプルなアウトドア製品の利便性を融合させ、必要最低限の資金と広さから始まる、時間をかけた居住空間の構築法を提案する。静的な木造小屋が生活拠点となり、その周辺に各行為から配された動的なアウトドア製品が、空間を自由に切り取る。気候や天気によって簡単にレイアウトを変更でき、一方で固定的な要素から定位置が自然と決まっていく。

SESSION 1>>

クリティーク長谷川× ID:026 浅田龍太

浅田：私は今の住宅に違和感を感じていて、住み手が自分の癖や習慣と上手く付き合っていきながらその人の納得のいく空間の広さと配置なんかを少しずつ切り取っていけばいいんじゃないかと思いこういう仕組みを提案します。これは、住宅ではなくて住宅の中にあるコアとして一つの活動の拠点の要素として小屋を配置しています。外にはアウトドア製品を配置していて、生活上の固定的要素はそこにとどまっていって、自分の癖に気づいていく、そんなシステムの提案です。

長谷川：1番小さいのだと90万円でできるの？

浅田：90万円でできます。

長谷川：ほんと!?

浅田：これはもう見積りとりました。

長谷川：ほんと。へー。断熱材、入ってんの？

浅田：これはほんとにいかに安くっていうよりは自然素材を用いて環境を配慮しまして。断熱材はフォレストボードっていう天然素材です。

長谷川：はい。分かりました。

SESSION 2>>

クリティーク山下× ID:026 浅田龍太

山下：君が考えているライフワークを10割とするならば今自分はどのポイントにいるのか、さっき現実的に何かを作っているという話があったのでどの地点にいるのかを教えてください。

浅田：まだ2割程だと考えています。やはり一部の人には興味を持っていただいていますが、ハウスメーカーなど一般に流出している住宅を選んでいる方々からすると何か変な事を始めたなというような反応です。でもそうやって知って貰う事が大事だと思ったのでモデルハウスを建設しました。そこで実際に話していく中でこういう事も実現可能なんだという事を少しでも多くの方に伝える事が出来ればと思います。

ID:039

Project

四次元空間体験
－時間軸のある川の資料館－

慶応義塾大学　4年生

堀江　希良
Kira Horie

CONCEPT>>

水の流れる現在の空間、時間の流れる過去の空間、そして自由な人の流れのある未来の空間が重なり影響し合う資料館。この空間で人は渋谷川の過去を知り、現在の魅力に感動し、未来に希望を持つ。

SESSION1>>

クリティーク島田× ID:039 堀江希良
島田：どうも、お久しぶりです。この間言い足りなかったことが何かあれば。
堀江：渋谷川の上に川と水の空間による資料館を設計しました。現在流れる渋谷川とは逆方向に時代をさかのぼります。同時にこの造形は地上では、人と川の間に新しい関係を築きます。時代をさかのぼるにつれ水位が上がって、川への距離が近くなるが、それは現代になるにつれ人と川の距離が広まっていってしまったことを表現しています。例えばこの空間では、この滴りは、この当時のわずかな時間を表現しています。年数回の大雨の時に水につかるんですけど、それはこの当時頻繁に起こっていた洪水を連想させ、共存することを考えさせます。
島田：はい、分かりました。

SESSION2>>

クリティーク山下× ID:039 堀江希良
山下：この川、河川っていうのは国土交通省がもってるの？権利とか。
堀江：そうだと思います。
山下：これをもし建築しようと思ったら、どういう許認可が必要なんだろうね。というのは調べてない？
堀江：はい。
山下：それ調べといたら面白かったかもね。僕見ていてこれ面白いなあって思って、その辺の法律までも解いて、これが現実に出来るんです、っていってしまうとむちゃくちゃおもいろいなあって気になってたの。

ID:O43

Project

11坪からの足し算
－コアハウスによる被災集落の復興－

和歌山大学　4年生

坂本 晃啓
Akihiro Sakamoto

CONCEPT>>

60年も前に建てられた復興住宅が現存している。
それらは個人の敷地に建てられ、入居者に払い下げられたことで増改築を繰り返し、60年を経た現在においても住み続けられている。その60年間の復興のプロセスは、「コアハウス」という住宅復興の望ましい在り方の一つであった。
そのプロセスを現代の災害復興に応用し、地域の環境に合わせながら住み続けられる、コアハウスによる復興住宅を提案する。

SESSION>>

クリティーク成瀬×ID:043 坂本晃啓

成瀬:どこがあなたの提案か分からなかったんですけど。
坂本:僕は復興住宅というものを設計したんですけど、60年前に実際に復興住宅として使われていた手法を応用しようっていうのが僕の提案です。僕が設計したのはこのコアの部分になります。
成瀬:それはどんな工夫があるんですか？
坂本:60年前の災害のときは、土間の部分から増改築が進んでいくという傾向が見られ、コアの部分と増築した部分をつなぐ空間が増築の中心になるので、それを応用します。この地域では、縁側を部屋として使用します。この地域では部屋と部屋を繋ぐ役割の中心になっていると思ったのでこれをコアの中に含ませて、これが増築の中心になっていくと考えます。
成瀬:これって模型が分かりにくいよね、何がやりたいのかが。どこがあなたのコアハウスで、どこが増築かが分かるような模型にしとけばいいんだけど。
坂本:そうですね。集落の中に埋め込まれているっていう感じが…。
成瀬:そうなんだけど、分かってもらわなきゃいけないっていうのもあるじゃない。
表現の問題としてもっと工夫したほうがいいと思う。これがコアハウスなの？この黒いやつ。
坂本:そうですね。それが増築されてくっついていくっていうのがこの模型なんですけど。
成瀬:なるほど。分かりました。

ID:045

Project

移動と集約
－密度の設計－

日本大学　4年生

樋口　卓史
Takahumi Higuchi

CONCEPT>>

各地の中山間地は過疎化の程度の違いはあるものの、概して今後の展望が見えない現状ではないだろうか。またそれに対する対応も、多くは内部からの変革は始まらず、観光等による外部に依存する一時的な解決方法しか行われていないのが現状である。本設計では、徐々に深刻な過疎に直面しつつある中山間地を対象として、まち内部の意味のある移動と価値の出る集約を手掛かりに、今後の暮らしの再生モデルとなる建築を提案する。

SESSION>>

クリティーク山下 × ID:045 樋口卓史

山下：ここにこんだけの人が集まるような人口っているの？
樋口：1万2千人です。
山下：1万2千人がいて、ここに住む人たちっていうのは新しい住人を呼び込むの？
樋口：いえ、町の中の人たちです。
山下：その人たちに家はないの？
樋口：いえ、既存のものを壊さずに住居を作ることで、シルバーハウジングとしても施設に入れられるのではなくて、子どもたちと遊びに住んできている…。
山下：例えばAっていうおじいちゃんがいて、おじいちゃんは自分の家を持っています。なんだけど、ここにも居住する場所を持っています。それは誰がお金を出すの？
樋口：住んでいる人がお金を出します。
山下：じゃ、2重にお金を払わなきゃいけないの？
樋口：サービスは今、現状で小学校が5つあるので、小学校を1つにすることでお金は浮くので、それを高齢者の方に回すってことはできないのかなって。
山下：だからその辺があいまいになってる。さっき君は居住者が出すって言ったんだよ。今の話だとある程度サポートが生まれるんだね？このシステムがうまく生かせるかどうかを考えるともっとリアルになるし、もっと面白くなると思う。誰がどのように住むのか、もう一回組み立てて。

ID:057

Project

曼荼羅楼船亭

工学院大学　4年生

宮城 絢子
Ayako Miyagi

CONCEPT>>

浅草は近代的魔の手から逃れたコスモである。私は街の断片をかき集め、それらを表彰するための現代のシンボルとして、隅田川の畔に塔を設計する。とぐろを巻いたこの場所では、いつも笑い声が響く寄席である。ドンと来い！ドンと来い！近代的なビルの隙間から頭を出した小さな舞台からこの物語は始まる。

SESSION 1>>

クリティーク成瀬× ID:057 宮城絢子
成瀬：意外と平面は小さいんだね。
宮城：はい。小さい会場ですけど、私は笑いってものにすごく可能性を感じ、笑いがこの街を変えていけるんじゃないかと思い、1つのコスモワールドのようなものを作り出したいと考えています。
成瀬：プランはあるの？
宮城：はい。どの階も全く違うプランになっています。寄席のほかに展示室や、船着き場などが組み込んでいて、それらと一緒に楽しめるようになっています。
成瀬：分かりました。ありがとうございました。

SESSION 2>>

クリティーク長谷川× ID:057 宮城絢子
長谷川：これは君の趣味なんですか？
宮崎：はい。こういうテイストがすごく好きで最終的な目標としてもこういうものを目指そうと…。中身が寄せになっていて、1番上が展望室で時間帯によって1階から7階まで落語家さんが歩いてみんなが楽しむという風になっています。最終的なビジョンとしては、街の中に笑いを浸透させたいっていうものがあって、笑いが未来を変えるということを目標としてこの作品をつくりました。
長谷川：場所は？
宮崎:場所は浅草です。浅草駅がここです。
長谷川：ああ、あそこか。ここに船乗りのあれがあるとこだ。
宮崎：あれを潰して新しく街の演芸の拠点として船着き場と一緒にできるものをつくりました。
長谷川：はい。

ID:058

Project

海村へのオマージュ

山口大学　4年生

白石 稜
Ryo Shiraishi

CONCEPT>>

日本には古くから続けられてきた生業がある。元来、生業は自分自身、あるいは家族をはじめとする周囲の人間が生きていくために行われてきたもので、今日のように商業的なものではなかった。その土地やそこで暮らす人々の生活に深く根付いたものであった。しかし時代が変わったのであれば、生業の在り方も変わらなければならない。衰退していく漁業を再興するプログラムとそのための建築の提案。

SESSION>>

クリティーク山下 × ID:058 白石稜

白石：これは、あの、衰退する漁業をもう一回再興しようというもので、その集落が弱体化していっている中で島の外からもう一度漁業を支えていくっていう…

山下：場所どこ？

白石：山口県の周南市の粭島っていうとこなんですけど、

山下：ん、聞こえなかった。

白石：山口県、周南市の

山下：周南市？どの辺？

白石：えっとー、ここです。周南…瀬戸内の…

山下：あー、下関の右側だ。ふーん。はい、いいよ。

白石：そこで、島の外から漁業を支えていくっていう関係性が必要なんじゃないかと思って、島の外から人を受け入れる漁業研修施設と漁業を独自産業化する生産補助施設と、流通形態が船からその交通に変わったことで、その流通経路を使って島の外まで漁業を発信していこうという。

山下：うん、うん。

白石：その経路上にバス停を設置していくというものです。その研修施設と生産施設自体は、その海側…このこれですね、模型上。この海側に作って、堤防自体が海と陸の隔たりではなくって、堤防そのものを人が集える場所として構築しながらそこに機能を入れていくっていう手法で、建築を作っています。

山下：はい。

ID:064

Project

Urban Share Tree
ー可変的な共用空間を持つ
　　ソーシャルアパートメントー

神戸大学　4年生

渡辺 駿悟
Syungo Watanabe

CONCEPT>>
今あるプライバシーを最優先した集合住宅にはない、新しい集合住宅を提案する。近年日本でも注目されているソーシャルアパートに、階層的なシェア空間を入れていくことで、様々な住人や地域の人たちの交流できる場をつくる。また、この建物は、木が季節によって葉のつけかたを変えるように、個室が1年単位で変化し、その周りのシェア空間も少しずつ変わっていくことで、その街らしい暮らし方をファサードに見せる。

SESSION>>
クリティーク成瀬× ID:064 渡辺駿悟
成瀬：これはどういう提案ですか？
渡辺：今までにない新しい集合住宅の提案で、「シェアとツリー」というのをコンセプトとし、ツリーが季節によって葉っぱとかに変化があるように、このシェアアパートも同じように変化できないかと考えました。一番やりたかったことは、この個室を一年契約で考えていて、個室の住人が変われば当然個室の規模や場所も変わっていって、それが変わったら今度はその間にあるシェア空間が変わっていきます。だから、みんなで話し合いながら空間を作っていきたいなと思っています。
成瀬：これがなくなったりするってこと？
渡辺：はい。なくなってまた…

成瀬：無茶だね（笑）。
渡辺：結構無茶なことしています。
成瀬：なくてもいいんじゃない？結構いいよ、これ。開口部を大きくしたり小さくしたりできるくらいで見え方も違ってきていいかもしれない。ハコごと消さなくてもやりたいことは結構出来るかな。
渡辺：そうですね、もしかしたら時間の捉え方が違うのかもしれない。
成瀬：そうだよ。
渡辺：背景としては、これから少子高齢化が進むと、高齢者は助け合って暮らしていかないといけない。60年後とかに皆で助け合ったり、わいわいしたりできるような生き方を今から馴染ますことができたら、将来すごくいい暮らしになるんじゃないかという思いで作りました。
成瀬：すごく楽しい空間になってるね。
渡辺：ありがとうございます。

ID:O81

Project

Preserve for reminiscence

神奈川大学大学院　博士1年生

中村 慧睦
Satochika Nakamura

CONCEPT>>

今日、各メディアによる報道や出版、芸術等様々な分野で自国に対して都合よく報じる"わだかまり"のような現象が多く見られる。これらを通じて多くの人は、他国への印象を持つようになる。このような現象は各国における歴史教科書の記載にも同じことが言える。これは、興味を抱いた一部の聞き手のみに知らせるものではなく、教育という媒体を通じ、未だ何も知らない子ども達に一般常識としてそれらの知識を植え付ける行為である。

SESSION>>

クリティーク山下×ID:081 中村慧睦

中村：これは日中韓の歴史教科書を日中韓の言葉に翻訳したものを、展示、閲覧しているスペースです。この棒は光ファイバーで、トップライトで地上からの光で本1冊1冊を照らしています。乙未事変という事件があり、それは初代李氏朝鮮の王妃を日本人兵士が射殺した事件なんです。今から100年ぐらい前の時代のことです。この事件は日本の教科書に載ることはないので、歴史教育で習うことはないんです。しかし、韓国では義務教育で習う事件で、韓国では一般常識として扱われています。

山下：なんでそんなこと知っているの。

中村：報道ステーションでこの事件を扱っていて、その射殺した兵士の子孫の方が謝りに行くという報道をしていて、教科書に載っていないということもその時知りました。みんなに知ってもらおうと思いこれを設計しました。

山下：ベンチの上に本が置いてあって、本をとってベンチに座って、光ファイバーで本を読むの？

中村：敷地は日本の日比谷公園、中国のハルピ極ン市公園と、韓国の南山公園の3つです。同じ設計手法です。極北を向いた入口や1冊1冊にパーソナルスペースを与えてできたボイド、出口を出たら研究施設が目の前に現れること。このように共通の設計手法を用いることで中立性を保つことでそれぞれの共通の認識で歴史を見てもらえるのではないかと考えました。

ID:090

Project

パブリックモール
－公共施設の解体再構築による、
　デザインの民主化システム－

慶応義塾大学大学院　修士1年生

佐々木 雅宏
Masahiro Sasaki

共同制作者：藤平 祐輔

CONCEPT>>

仕組みの提案である。既存公共施設の躯体を解体し、再構築する工法システムを開発する。これを利用し、より多くの人の意見を集約する社会システムと、それを実現する情報技術を援用した設計システムを開発した。建築は必要な要求を満たしながら、実際の空間はパーツ検索によって現れた一室一室を、洞窟を探検するように設計されている。多くの人の形の解釈を集約して作り上げる建築こそが、現代的な設計手法なのではないか。

SESSION>>

クリティーク島田×ID:090 佐々木雅宏

佐々木：佐世保の食糧難をきっかけに、闇市から形成した商店街です。今でもその頃の面影が残っています。ここの魅力は、この固定テントが接近して建っていて、この仮設的なテントの下で、物も基本的に店の中じゃなくて店の外で売っています。物が溢れ出している、この空間が連続しているところが魅力的で、この溢れ出している切れ目に、人を溢れ出させたいと思って、空き店舗4つの、焦点のサイズになっているものを、壁を動かして、ステップを多く入れて、人が溢れ出しやすい場所を提供しています。

島田：基本的には交流は既存？

佐々木：既存です。

島田：それで、これが提案したもの？

佐々木：模型は分かれていますけど、繋がって1個です。断面で開いています。

島田：なるほど。用途としては？

佐々木：グループで学習したり、自由に使ってもらえます。

島田：構造としては？

佐々木：構造としては、骨組も組んでますが、結構仮設的なイメージで作っていて、細いものを編んで硬度をもたせているという感じです。

島田：レパブリックな、プレファブリケーション的なものになるのかな？

佐々木：はい。

島田：わかりました。

ID:091

Project

自然の循環に身を置く建築たち
－バイオミミクリーデザインを
　利用しての提案－

滋賀県立大学大学院　修士2年生

山崎　拓
Taku Yamazakil

CONCEPT>>

自然の活動（バイオミミクリー）と人工活動（都市の持つ問題＝ポテンシャル）をつなぎ合わせて現状を回復させる。その方法を水に焦点を当ててまとめ、水の循環を補完する建築たちを提案する。水の循環のモデルを都市の中で生む。山のように水を流しながら多くの循環を生むことである。水の捉え方の再考から建築、都市へ繋げていく。郡としての建築。それぞれは蒸散、集収、浄化を持ちながら成立し、また個として一つでも成り立つ。

SESSION>>

クリティーク池田 × ID:091 山崎拓
山崎：建築が自然の循環系の1部になれないかというテーマがあり、特に水に着目しています。更に2つの主題があり、1つはバイオミミクリーデザインです。これは、自然が今まで培ってきたもののなかから建築に応用するということ。もう1つは人工環境です。現在東京では地下水が流れていったりヒートアイランド現象があったりと問題があるように思われていますが、バイオミミクリーを使えば実は問題ではなく、ポテンシャルとして使えると考えました。まず、水を羽織る蒸散のモデルと、集水のモデル、使用・浄化というように分け3つの建築をメインに作りました。また、循環系の1部になるのならば山のようなモデルが必要だと考えたので、山としての機能も3つやっています。面として都市を回復させたいから、小さいレベルのものも点在させようと考えました。このファサードが、フナムシってやつとハスっていうものを使ってます。地下水を染み出させて貯めていき、そこからフナムシの面的水分の輸送、水滴を落とすと上がっていくという機能を使います。上に引き上げることで蒸散機能を増やしたり、屋上まで地下水を貯めたり、逆に下ろしたりという流れを作っています。貯水のようですがそうではなくて、流れながら水を貯めるという形です。
池田：はい。ありがとう。

仕事をテキパキとこなす実行委員たちの手伝いに回る頼りない委員長でした。

福岡デザインレビュー2014実行委員会発足からの1年を思い返してみると、僕が委員長にふさわしい人間だったのかどうか疑問に思えてきます。元々人の上に立つような性格ではないのですが、代々続いてきた福岡デザインレビューが、自分が卒業設計を提出するまで受け継がれて欲しいという思いで、なんとか無事大会を終えることができました。貴重な経験をさせていただきありがとうございました。

今年の福岡デザインレビューの良かったところは、大会を通じて、さまざまなコミュニケーションが生まれたことだと思います。特に大きいのがツアーですね。予想以上に好評だったようで、参加者同士の打ち上げという楽しいイベントが発生したりと、かなり盛り上がったようです。来年やるなら僕も絶対参加したいと思ってます。大会自体でいえば、クリティークの先生方の講評はどれも聞きのがせないものばかりだったと思いますが、なんといっても鵜飼先生の名司会ぶりがたまりませんでしたね。鵜飼先生の作り出す、独特の空気感は今年のデザインレビューでしか味わえなっかったと思います。大会準備期間は、実行委員おのおのが、指示を出されるまでもなく自分の仕事をテキパキとこなしていける人達だったので、むしろ僕がその手伝いに回るみたいな感じで、頼りないので最後のほうはほとんど委員長として扱われていませんでしたね(笑)。来年は今年の要領を知っている実行委員が何人も残っていると思うので、早め早めに仕事をこなして、どんどん新しいことにチャレンジして欲しいです。

DR × 委員長

Design Review × Chairman

デザインレビューが続いて欲しい一心で運営リーダーの重責を負った実行委員長の、楽しい回顧とちょっぴり反省。

Column **3**

九州大学 3年生

土井谷 亮
Ryo Doitani

ID:00**1**

Project

Image of Reminiscence
ー都市における水の様態の再構築ー

神戸大学　4年生

河本 淳史
Atsushi Komoto

CONCEPT>>

都市に現存する水の有り様の、何と非自然的なことであろうか。人々は偽りの自然の中で楽しそうに振舞い、見せ掛けの充足感と共に家路につく。本来の自然的な水の在り方を忘れて過ごす貧しさに、気付くことはない。都市にはびこる見せ掛けの『自然的』な水。それは、人間の数多の恣意の複合によって構成されている。

ID:00**2**

Project

集のすがた

九州産業大学　4年生

吉山 由里架
Yurika Yoshiyama

CONCEPT>>

今の人々の住まい方を提案する。かつて人々は地域の人とともに生活をしていた。困ったことがあれば助け合い、すれ違えば会話が生まれる。しかし、今の暮らしはどうだろうか。プライバシーを重視するあまり人々の生活や気配が感じられなくなってきている。隣の人の顔さえも知らない人が増える。視線、足音や話し声、におい、明かり。自分の生活の延長線上に誰かを感じる。それがきっかけで徐々に人々の輪が広がるのではないか。

ID:00**3**

Project

おおきな木に集うように

九州大学　4年生

福滿　奈々美
Nanami Fukumitsu

CONCEPT>>

古くからの市場に新しい核をつくる。それはまるで、動物たちが自然と集まってくる木のような。今まであまり市場に入ってこなかった層の人が木に集まり、小さなころから慣れ親しんだ居場所となる。まったく新しいようで、なんだかここに合っている気がする。ぽつぽつと歴史が残された市場は、これまでと同じようにぽつぽつと変わっていく。市民の台所として長年愛されてきた市場をこれからもずっと残していくための一提案。

ID:00**6**

Project

四畳半の積層

鹿児島大学　3年生

原田　直哉
Naoya Harada

CONCEPT>>

FacebookやTwitterのような価値観の違う人間のコミュニティの場を生み出すため、人間間のヒエラルキーを茶室から由来する四畳半というシステムを用い解体することで、より豊かで味わい深い印象をまちに残す建築を提案する。

ID:00**7**

Project

このまちのコのまち

名古屋市立大学　2年生

伊藤 舞
Mai Ito

CONCEPT>>

住戸ヴォリュームにコの字の壁を挿入する。そうすることで、屋内・外部に開いた屋内・屋内の延長の外部・外部という関係が生まれる。内部空間と外部空間の間に二つの中間領域がもうけられることで人々が自分の領域を広げたり縮めたりしながら周りの住民との豊かな関係を生み出せるような集合住宅を提案する。

ID:00**9**

Project

森鱗 (きききりん)

近畿大学　4年生

神出 顕徳
Akinori Kamide

CONCEPT>>

かつてそこが森であった痕跡は残っていない階段状に造成された敷地に、木々の間を縫うように駆けまわる光景を実現したかった。敷地全体に散りばめられた断片的な弧は、木々の間を駆け回る子供たちの動線をイメージしている。人々の様々な動きによって森を浮かび上がらせようとするものである。弧は、施設プログラムの要求に従って建物に、遊具に、スロープに、あるいは象徴的なオブジェへと変換されていく。

ID:**010**

Project

wall house
ー壁泉から集合住宅へのコンバージョンー

大阪市立大学　3年生

久保　晶子
Akiko Kubo

CONCEPT>>

壁泉を集合住宅へコンバージョンする。敷地は、大阪府南部・宮ノ上公園内の壁泉。小高い山に豊かな山林を有する公園だが、突如赤い壁泉が山林を横切る。風に揺らぐ樹木の中に、暴力的な不動の赤い壁がある。ここに10戸のシェアハウスを計画する。木材で格子状に組まれた住戸からは生活の様子が垣間見え、開放されたリビング、スタジオ、軒下や壁際では住民のみならず周辺住民・近所の学生でにぎわう。赤い壁は、人の拠り所となる。

ID:**011**

Project

ハコニワs
ー場の修復と活性ー

近畿大学　4年生

吉永　佳樹
Yoshiki Yoshinaga

CONCEPT>>

本計画では、アイランドシティ中央公園が利用者のスケールを無視していることを問題点とし、「スケールアウトした公共空間」にcubeを置くことで「ヒトのスケール」まで細分化する。cubeは単体でも空間を規定するが、複数設置することにより、cubeとcubeの間の空間も新たな「場」を構築する要素となる。cubeの配置から恣意性をできる限り消すため、cubeを落とすことで生まれたパターンを計画地に対しての反発を防ぐよう恣意的に配置する。

ID:012

Project

家と公共空間が一体となって つくる郊外の場

芝浦工業大学　4年生

伊藤 誠人
Masato Ito

CONCEPT>>

郊外の人口は自然減による、漸減傾向が今後続いていき、世帯人員の減少の先に空き家化する住戸が郊外を中心に増加して来る。まちの福祉、交流、商業や生産のための施設を空き部屋を利用して複合化する。小学校の周辺を囲う街区を用いて島のように点在していた街区をウッドデッキの動線空間でつなげて小学校のセキュリティゾーンの内部に取り込んでいく。本計画は人口減少期の公共施設の在り方と小学校の室空間の在り方、避難施設としての発災時の柔軟な利用に関する提案を行うものである。

ID:013

Project

命の受け皿
－食卓と屠殺場の狭間－

九州産業大学　4年生

田川 理香子
Rikako Tagawa

CONCEPT>>

昨日まで名前をつけられて育てられてきた命が、今日の私の美味しいごはん。頭を打たれ、喉を掻っ切られ、皮を剥がれ、それは少しずつ「命」という形から、「食料」という形になる。そのことが私の意識という現実に入り込んできたとき、私は「彼」を拒絶した。こんなことを、いつから、忘れてしまっていたのだろう。「私」という日常って、なんて酷薄なんだろう。都市の中にいただきますのあり方を考える場所を放り込む提案。

ID:0014
—
Project

勝手口ネットワークストラクチャ

九州産業大学　4年生
—
石橋　一弥
Kazuya Ishibashi

CONCEPT>>

社会の中では常に、建築や町、人の生活は変化し続けている。既存建築の隙間に入り込み、建築同士を繋ぎ合わせ、相互補完し合うようにネットワーク化する。社会の変化に順応する事の出来るおおらかな建築を目指す。

ID:016
—
Project

地方都市の居場所

工学院大学　4年生
—
鈴木　翼
Tsubasa Suzuki

CONCEPT>>

地方都市には居場所がない。故に郊外の大型商業施設に負けた。郊外は気軽に停滞出来る居場所があるが、中心市街地にはない。更にはどこでも手に入る"モノ"を売る場だけなのである。"モノ"ではなく"コト"が起きる、人のための駅前を再考する。

ID:00**17**

Project

浮遊する理想郷

九州大学　4年生

奥田　祐大
Yoshio Okuda

CONCEPT>>

日本が抱える財政赤字、雇用問題を背景に、、、資本を循環させるひとつの巨大な商業施設を提案する。空港の持つ利便性と保税地域というプログラム、カジノやギャラリーなどの集客性と経済効果の高いプログラムを読み替えた、ひとつのユートピア的な空間とその裏側に存在する資本主義社会の縮図を描く。

ID:00**19**

Project

Rebuild
－木造密集旧商店街における空間の再編成－

九州大学　4年生

土井　彰人
Akito Doi

CONCEPT>>

木造密集旧商店街に新しいフレームを挿入することで、従前の超狭小敷地から脱却した生活空間をつくり、生活の多様化を図る。同時に商業空間が広がり商店街としての性質を復活させる。このような機能をもつ新たなフレームが町全体に広がることで、町中にプラスの変化を起こす。

ID:O20

Project

めぐり庭の町

九州大学　3年生

森　隆太
Ryuta Mori

CONCEPT>>

町の中に道を作る提案。二つの屋根と大きな一つの屋根を持った建築を町に点在させる。通り庭を持った10戸の建築が連なることで、通り庭は"めぐり庭"となり、町の人の道となる。一つ一つの建築は部分的で、小さなものだが、町の中を滑らかにつなぐことで、新たな生活の風景を作り出していく。子供のころ路地裏をとおって近道したように、奥に見える光を探して探検するかのように、人々はこのめぐり庭に引き込まれるだろう。

ID:O21

Project

人と建築がとけあう時

九州産業大学　4年生

吉田　智尋
Chihiro Yoshida

CONCEPT>>

いつから忘れてしまったのか。人は時や社会に囚われ様々な仮面を被っている。精神を日々削り奪われる。そんな毎日。人間のそもそもの部分に目を向け、建築のあり方を考える。精神につながる建築を目指して。

ID:023

Project

風景への誘い
－佐賀市、東名遺跡における媒体としての建築－

佐賀大学　4年生

副田 和哉
Kazuya Soeda

CONCEPT>>

風景はいつも旅行者によって発見される。どんなに美しい風景があっても、そこにいる人にとっては当たり前の風景であり、生活の一部である。旅行者にとっての風景とは客体であり、対象物である。では、風景とは旅行者だけのものなのであろうか。私は建築とは「媒体」であると考える。人と場所の間に入り、建築が媒体となることで、あらゆる人にとって風景というものが客体として認識され風景が風景たり得ることができるであろう。

ID:024

Project

つながりの種

椙山女学園大学大学院　修士1年生

永曾 あずみ　　共同制作者：他6名
Azumi Eiso

CONCEPT>>

都市への人口集中により、郊外につくられる住宅街。「新しい住宅街」をつくっていく場であるが、そこに建つ家々は画一的で、都心にある既存の住宅街と同じである。そんな「新しい住宅街」の姿として「つながりつづける街」を提案する。新たな住宅街が形成されるきっかけとなる、つながりを重視した3つの住宅を設計することで、そこから生まれるつながることの魅力が、周辺敷地に影響を与え、新たな住宅街が生まれる。

ID:025

Project

曲がり壁とくぼみの居場所

九州大学　4年生

川上 直人
Naoto Kawakami

CONCEPT>>

「少子高齢化、地域社会での人間関係の希薄化などから、公共施設や空き家等を利用した街中の居場所を作る取り組みが各地でみられる。今回私は郊外に立地する九州大学伊都キャンパス近隣に住む大学生の居場所を提案する。静かに落ち着いて過ごせる場所やグループでコミュニケーションしながら過ごせる場所など、質の異なる空間を点在させることで、大学生は自宅と大学の他に、もう一つ別の自分の居場所を見つけることができるだろう。」

ID:027

Project

煙突と生きるまち

岡山理科大学　4年生

茂中 大毅
Taiki Monaka

CONCEPT>>

岡山県、備前市伊部は古くからの窯業を生業として備前焼と共に発展してきた街であり、レンガ造りの煙突が立ち並ぶ魅力的な景観を持ちながらも活かしきれていない街である。現在は備前焼の売り上げも年々低下し、観光客の滞在時間は短く足を引き止める仕組みがない。そこで、地域産業のシンボルである煙突を利用し、伊部の魅力を引き出すと共に環境問題への訴えとなる建築を提案する。

ID:028
―
Project

重奏する距離感

京都工芸繊維大学　4年生
―
倉知 寛之
Hiroyuki Kurachi

CONCEPT>>

都市に蔓延するスケールをもったハコを開口部の厚みのズレにより解体する。
均質な都市において、これまでハコで規定されていた空間は、その隣接関係を取り持つ開口部のズレにより解体され、無数の距離感の起伏をもった、森のように多様なワンルームに変質する。
現代における新しい透明性をもったワンルーム建築の空間モデルの提案。

ID:029
―
Project

水面の うつろい

工学院大学　4年生
―
川田 裕
Yu Kawada

CONCEPT>>

消えた隅田川に浮かぶ建築。それは私の中の風景の変化であった。歴史を辿るとこの地が誕生し、更新されていった歴史が存在した。長い時間をかけて築き上げてきた住むための濃度も様々な要因から、器の中だけに留まってしまった。そうしたものの中で汲み取る2つの表出。出現と溢れ出し。それはたとえ建築の形態が変化しても変わることはない。私はこの地が持づ"なにか"と"風景"を構築する。

ID:030
—
Project

共創共生
－共有が生み出すノリマチ風景－

佐賀大学　4年生
—
内田　大資
Daisuke Uchida

CONCEPT>>

佐賀県南部に位置する佐賀県佐賀市川副町。全国有数の海苔の産地であるが、近年、海苔養殖で栄えたマチとしての匂いや雰囲気が薄れつつある。ここに生活領域の延長としても利用できる現在の作業にあった作業場を再構築する。線と面によって構成される本提案は作業と生活、2つの様々なアフォーダンスを生みノリのマチとしての風景を取り戻す。

ID:031
—
Project

あかがねの森
－建築という名の顕微鏡－

北海道大学　4年生
—
井上　桂輔
Keisuke Inoue

CONCEPT>>

建築は自然と人間の境界に存在しています。自然を成り立たせている微小なスケールの物達を視覚化する顕微鏡のような建築を提案します。

ID:034
Project

椅子と机のある坂道
－港の壁紙－

九州大学　4年生

吉田 優子
Yuko Yoshida

CONCEPT>>

神奈川県横須賀市、JR 横須賀駅前の峠。自衛隊や米軍の艦艇の行き来する横須賀本港が目の前にあるが、周辺の沿岸部はマンション建設が進み、普段の生活ではあまり横須賀らしさを感じることができない。そこで、風景を共有し、市内、地域の生活の場として機能する建築を提案する。斜面地を一体的に使った、坂道状の建物と屋外緑地。港の風景が壁紙のように連続し、建物内を移動することで見え方が変化する。椅子と机を配置すると……。

ID:035
Project

うつろう Storage
－本のめぐる図書館－

九州大学　4年生

玉田 圭吾
Keigo Tamada

CONCEPT>>

バーチャルな物が溢れてきた今、本と空間、実在することに共通点をもつ両者を組み合わせてできることを考えた。図書館の書架配置を自由にすることで読書空間の特徴と置いてある本を結びつけ、本棚によって空間を作ることで置かれた本が空間を変えてゆく。多様な空間が現れて本の配置が動く。本が動いた結果空間が変わる。これらはお互いに作用しながら一冊一冊うつろいでゆく。うつろいは、本や空間との出会いを促してくれる。

ID:037

Project

ARCHITECTURE as ART

武蔵野美術大学大学院　修士1年生

大田 敏郎
Toshiro Ota

CONCEPT>>

2011年3月11日。未曾有の大震災によって建築の本来の力について再考させられた。私は建築とは人々に感動を与えるためだと信じている。本設計は20世紀最大の芸術運動であるシュルレアリスムの手法である、客観が人間におとずれる瞬間をとらえる「オートマティスム」を建築設計手法に落とし込み、形態と空間を生み出す芸術としての建築である。「人の心を動かし感動を与えるものでなければ、それは建築ではない。」

ID:038

Project

三角の敷地に建つ2つの図書館

近畿大学　4年生

弘田 翔一
Shoichi Hirota

CONCEPT>>

大阪の街に点在する三角地の一角に建つ地域の人々と遠方から訪れる人のための図書館。三角地は線路や大型道路が街区に対して斜めに通ることで生まれる。三角形の特性から生まれる2つの別々の柱が外部空間を歩きまわる散策図書館と目的の本を探す落ち着いたインテリアな検索図書館がひとつの建築となる瞬間、2つに新たなVoidが生まれる。Void空間と図書館の外部空間と内部空間の在り方についての提案。人が本と出合う建築を考える。

ID:040

Project

Parc de Circulation
－千種駅再整備計画－

名古屋大学　4年生

足立 太一
Taichi Adachi

CONCEPT>>

近年駅ナカビジネスは好調である。一方で、駅ナカの発展は駅周辺の経済を疲弊させている。駅を中心とした街の発展はどのように獲得され得るのだろうか。街の栄養源となる駅ナカ公園を構想する。地下から線路上空まで連続する公園が駅空間を繋ぎ、人々はこのサーキュレーション空間を経て街へ繰り出す。この公園は都市のボイドとなり、このボイドを中心として街は成長する。千種駅は名古屋の東の玄関口となる。

ID:041

Project

移ろいの屋根

工学院大学　4年生

白岩 透
Toru Shiraiwa

CONCEPT>>

エネルギーの生産の風景と、地域の営みの風景を重ね合わせる事が出来たら、そこで暮らす人々の日常の生活の中でのエネルギーへの意識は変わるのではないかと考えた。「再生可能エネルギーインフラ拠点」としての新しい村の在り方を模索する葛尾村に、これまでの村の生活を記憶し、これからの村の生活を記録する文化保存伝承館を計画した。移ろいの屋根の上下で村の文化の保存、発信、教育、学習の中心と共同体の中心は統合される。

ID:042

Project

CARVED
ー穿つことによる空間操作ー

佐賀大学　4年生

時　祐太
Yuta Toki

CONCEPT>>

佐賀市城内地区において、東濠の復元にともない掘り返すという操作を建築空間の形成に組み込む。内部には、穿たれた空間と残余的塊の空間が混在し空間に緊張感を創り出している。ヴォイドの連続が各機能の空間を立体的に繋げているため、内部を回遊していく利用者は多様なシークエンスを経験し他の利用者・内外の関係を目撃・再認識できる文化複合施設を計画する。

ID:044

Project

接地性のある建築
ー気配でつなぐ多層サテライトキャンパスー

東海大学　4年生

半田　千尋
Chihiro Handa

CONCEPT>>

層で分断され上下階・周辺環境に無関心な多層建築は、建築と地面・土地の関係の希薄化を生んでおり、接地性が低い。日常の上下階・建築内外の音を聞くことでどのような土地・周囲との関係性の中で生活しているか分かる経験に着目し、見えないけど聞こえる路地空間と、風景として土地を認識する地面を置き換えた人工地盤としての開放空間を、音がつながる距離感の中で積み重ねることで、建築内の界隈性・土地への接地性を高める。

ID:046

Project

記憶をひろう

九州工業大学　4年生

古賀 裕子
Yuko Koga

CONCEPT>>

まちに、「とまる」という時間の流れを挿入する。ぽっかりと空いた土地、壁に取り付いた家の型、行き交う人の姿、空、雨、たちどまって、そこから見える情景、まちの記憶。まちに散らばった記憶と一瞬の時間をひろいあげる建築の提案。「とまる」という共通点から、カメラと写真をもとに空間を構成する。カメラは建築そのものであり、写真は建築が切りとる情景、建築によって体感する時間の流れである。

ID:047

Project

大橋地形都市
ー崖の住宅、谷の図書館、洞窟広場ー

九州産業大学　4年生

古泉 果菜
Kana Koizumi

CONCEPT>>

都市に突如出現する巨大なインフラ、ジャンクション。その必然的な巨大ボリュームを地形のように読み込む。すると都市の中に崖や谷や洞窟のような空間が生まれてくる。インフラが只都市に存在するのではなく、都市を創るコンテクストと成り得る可能性を提案する。

ID:048

Project

廃物の価値
－自然と建築が融解する地下空間の提案－

九州産業大学　4年生

太田尾 康平
Kohei Otao

CONCEPT>>

有明海に浮かぶ人工島、初島。社会から孤立し廃墟のような島になっている。有明海の風景の一部となって、忘れつつある初島に有明海を研究・観察できる施設の機能を持つ、海上公園を提案します。

ID:049

Project

おおきなまちをちいさなすまいに

九州工業大学　4年生

松尾 聡
Satoshi Matsuo

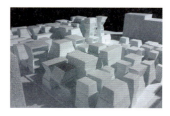

CONCEPT>>

中心市街地での空きテナントの増加といった衰退傾向を受け、再活性の手法を検討する。既存ビル内に自身が構造体となる空間を挿入していく。この操作は耐震補強だけでなく、小さく細分化された空間と隙間空間をいくつも出現させる。細分化された空間には「商」だけでなく「住」の機能を付加していく。隙間空間は「住」を豊かにする様々なツールとなる。「商」の街である中心市街地において「住」による再活性化の手法を提案する。

ID:051

Project

20年後のモニュメント
ー阪神のモニュメントをモニュメントするー

九州大学　4年生

黒木 悠香子
Yukako Kuroki

CONCEPT>>

阪神淡路大震災が起こってから、2015年で20年が経つ。震災を経験していない子供たちが大人になる。20年かけて市民によって建てられたモニュメントをまとめ、20年の市民による祈りを表すモニュメントを設計する。用途は、屋内が資料館、屋上が祈りの空間である。建物は、神戸の地理的情報に基づき建物の形、床面積や壁、天井高を配置している。

ID:052

Project

距離感の迷宮

九州大学　4年生

小水流 悠亮
Yusuke Kozuru

CONCEPT>>

一続きの空間が柔らかく分節されながら部分と全体を形作る建築。面で空間を断絶するのでなく、チューブ空間の折れ曲がり方や幅により、空間を分節していく。平面的断面的に一続きになった空間により、多様なアクティビティが見え隠れしながらも、空間としては独立して存在するような、そんな柔軟なランドスケープのような居場所。

ID:053

Project

ｋ ｉ

近畿大学　2年生

大宮 風香
Huka Omiya

CONCEPT>>

近畿大学の最寄駅である長瀬駅に集合住宅を建てる。駅周辺は人通りが多い。気軽に入れる休憩場所が少なく、立ち止まって喋る人々で溢れている。そんな人々に気軽に立ち入れる空間を提供することも兼ねた集合住宅を提案する。　住民と住民、住民と通行人、通行人と通行人 あらゆる人々が出会う契機をつくり希望、期待を持たせる町のシンボルの大きな樹のような住宅なのである。

ID:054

Project

うごめく崖壁

九州大学　4年生

古川 善貴
Yoshitaka Furukawa

CONCEPT>>

近年よく見られるマンションなどの建物は、ほとんどの部屋が同じ方向を向いている。それによってどこも同じような空間となり、逆に日射や景観などの条件では部屋ごとにヒエラルキーが生まれてしまっている。そこで、全ての部屋が自由な方向性をもつ建築を提案する。それぞれの部屋が自由に景観を切り取り、自由に光を求める建築。

ID:056

Project

地下水都市
－水循環の可視化と共生－

熊本県立大学　2年生

渡邊 紗緒里
Saori Watanabe　　共同制作者：伊子 修平

CONCEPT>>

熊本市は水道水源のほぼ100%を地下水で賄っている。その地下水は現在、枯渇や汚染等の問題に直面している。しかし、私達が普段の生活の中で地下水を意識することはほとんど無い。今回提案する『水滴』が各地に点在することで、地下水の浸透する場となると同時に地下水を意識するきっかけの場として機能する。地下水が直面している課題を市民が認識し、普段から問題意識を持つ。生活に必要不可欠な「水」との共生を見つめ直す。

ID:059

Project

垣蔽の開

京都工芸繊維大学　4年生

木本 諭志
Yushi Kimoto

CONCEPT>>

都市の中の大学は閉じられている。敷地は京都大学吉田キャンパス。大学と都市を分断している長く無表情に伸びた石垣を、それ自体の水平方向性を保持しながら操作を加えていき、大学と都市の間の空間をつくりだしていく。単に石垣を取り払い、都市と大学をつなぐというものではなく、操作する場所やその場所のコンテクスト、石垣の操作などを考慮しながら、今まで土木として果たしていた言わば「土木的バッファー」を「建築的バッファー」に置き換えて大学と都市の関係を考える。

ID:O**60**

Project

Turning . Point

佐賀大学　４年生

村上　尊由
Takayoshi Murakami

CONCEPT>>

山と建築の関係を考える。平坦な都市にではなく大地に沿ってそびえる建築には平地から見上げるだけでシンボリックな建物となる。人々は昔から山を神聖な神の領域として讃え、崇拝してきた。そこに建つ建築というのは、威張りすぎず、かつシンボリックなポイントとなるものでなくてはならない。本提案では、過去の栄耀を誇っていた阿蘇観光ホテル跡地に周辺環境に呼応した有機的形態を用いて、この場所の位置づけを未来へと転換する。

ID:O**61**

Project

Fuzzy Box

九州大学　４年生

中村　健一
Kenichi Nakamura

CONCEPT>>

建築は境界を作ることである。外部と内部を区分し、空間を発生させる。一方で日本の建築は外部に開かれ、境界が曖昧なものでもある。建築の境界を曖昧にしていくことで、建築は都市に漸近し、都市のスケールが建築のレベルに縮小される。建築と都市がほとんど等価な場では、建築はより自由な空間となり、機能に縛られない場となる。繋がっているのか途切れているのか、曖昧な境界が機能を超える。

ID:063

Project

いつか、もういちど『見るケシキ』
ー沖島の暮らしを再生する小学校ー

滋賀県立大学　4年生

宮崎 瑛圭
Teruyoshi Miyazaki

CONCEPT>>

日本唯一の淡水湖に浮かぶ有人島、沖島。島の人々の営みは、隔絶された環境であるにも関わらず800年前から今に至るまで脈々と受け継がれてきた。その暮らしは、生業である漁を中心とした半農半漁の生活の中で培われた周囲の恵みを知覚する感性と濃密なコミュニティによって支えられていた。今、生業の衰退とともに潰えようとしている島と生きる暮らしの風景を学校生活の中で再生し、再び島で生きる為の感性と知恵を養う場をつくる。

ID:065

Project

mound around
ー回遊する中密度都市ー

岡山理科大学大学院　修士2年生

上西 徹
Toru Uenishi

CONCEPT>>

岡山県岡山市の中心市街地は、中密度(開発しきられていない)都市であり、多くの駐車場や空き地が存在している。街の中心を流れる西川緑道は、川の深さや水深が原因で、自然の豊かさを身近に感じられず、人々は川から遠ざかっている。そこで、ランドスケープ×建築をキーワードに、駐車場や空き地をオープンスペースとして活用し、地形のup・downを利用しながら、西川緑道を中心とした人と自然が繋がる都市の風景を目指した。

ID:066
Project

風頭万華境

武庫川女子大学　4年生

松尾 沙耶
Saya Matsuo

CONCEPT>>
山麓の寺院が列を成し境界をつくり、背後の墓域は聖域となった山。しかし山腹では非日常(墓)と日常(家)は限りなく曖昧に存在し、山腹の境界は溶けて見えなくなった。家と墓の間にかつての境界を取り戻し、日常と非日常を行き来するような間を提案する。

ID:067
Project

ものすごく近い留学

九州大学　4年生

平田 千裕
Chihiro Hirata

CONCEPT>>
米軍基地と沖縄の両方の土地を眺めることができる境界上に、両者学生のための留学空間を設ける。境界を強調するような形態は境界に強弱を生み、この空間に沿う周辺地域の住民のもつ過去に訴えかけ、地域住民にそれぞれの抱える歴史を語らせる。それらの歴史は若い世代へと伝えられ、これからの両者の関係を考える糧となる。そんな空間を僕は提案したい。

ID:068
Project

色を楽しむ
ー新しい盲学校の提案ー

福岡大学　4年生

西原　輝匡
Terumasa Nishihara

CONCEPT>>
盲学校の造りの多くは普通の学校と変わらない。盲学校に適した造りであるべきだと考えた。人間には五感があり、目の不自由な人達はその能力が特に研ぎ澄まされている。そこで感覚を活用した学校を提案する。音や匂い、手触りなど五感によって楽しめる様々な変化（変化を与える様々な存在を色と定義する）を建物に入れ込むことで、子ども達にとって生活がしやすく楽しいものとなる。

ID:069
Project

積層生命

九州大学大学院　修士1年生

山田　泰輝
Taiki Yamada

CONCEPT>>
都心回帰する工場。それは積層された産業体となる。いままで生産・処理施設は安全性の観点から郊外の広大な敷地に建築されてきた。拡大しきったインフラ・都市は縮小しある程度の単位に収縮するこれら生産・処理施設も都心回帰の傾向を見せるのではないか。この産業体は郊外に分散された生産・処理施設に対し都心部に集約し、積層させることで今まで無駄になっていたエネルギーは有効利用され様々な余暇空間が生まれるだろう。

ID:O**70**

Project

溢れ出すテリトリー

佐賀大学　4年生

福嶋　有希
Yuki Fukushima

CONCEPT>>
場所は熊本県子飼商店街。通りに商品やものが溢れ出し、自己のテリトリーを示すかのように固定テントを伸ばし合っている。この商店街の魅力は、次々と視界に飛び込んでくる各商店の工夫されたテリトリーや、相互の関係から生まれてくる空間性である。連続するテリトリーの切れ目に学生がプロデュースする仮設的なテリトリーを入れる。学生たちの活動の基盤となるスペースによって商店街に新たなテリトリーが広がり、活気が溢れ出す。

ID:O**71**

Project

新たな鼓動

神奈川大学　4年生

中野　由美子
Yumiko Nakano

CONCEPT>>
産業は街の活力の根底にあり、人々の生活をより豊かなものへと変化させてきた。けれども外来者との接点は少なく観光という面からはネガティブなものとして扱われている。しかし産業は地域を象徴するものであり、街の風景をつくり出していくものである。本計画では佐世保重工業の一画をコンバージョンし、造船所の鼓動を人々へ伝えていくことで新しい風景を記憶に残していく。

ID:072
Project

むらは継がれ、人を育てる

和歌山大学　4年生

成瀬 壮太
Sota Naruse

CONCEPT>>

廃校校舎が新たな拠点となり集落が住み継がれていく計画の提案。計画地は人口流動が起こっている和歌山県紀美野町。集落住民とのワークショップにより示されたアイデアを元に廃校校舎が再び地域の拠点となるように計画を行う。まず校舎は住民たちのむら機能再生拠点として使われ始め、むらは都市と交流を持つようになる。やがて校舎は移住者を受け入れる拠点として機能し地域の中心的な場所として使われ続け、むらは継がれていく。

ID:073
Project

緑をはこぶ

九州大学　4年生

深澤 尚仁
Naoto Fukasawa

CONCEPT>>

住宅地× Hydroponics 現在、日本は多くの食糧を輸入に頼っているが、近年は、食の安心・安全という点で地産地消へのニーズが高まっている。そこで、食を消費者に見える形で生産する。住宅地で農作物を生産することで、植物を育て、食べるという活動を通してその場が地域の核となるのではないかと考えた。街で土を使う農業を行うには、建物を取り壊した後の土地を農地化することの難しさがある。そのため、水耕栽培を利用した農業を提案する。

ID:O**74**

Project

「砂防堰堤」あるいは「集落」
ー砂防ダム内不法住居群の機能的／記憶的継承ー

立命館大学　4年生

岡田 眞二
Shinji Okada

CONCEPT>>

砂防ダム内に現存する集落。アスファルトやコンクリートによって自然と切り離された都市の中にぽつねんと存在する、砂防ダムという土木構築物の存在によってかえって自然と共生する集落。その継承と可能性を考える。

ID:O**75**

Project

お湯めぐる街
ー湯めぐり観光地 城崎温泉における お湯まちづくりの再構築ー

関西大学　4年生

角谷 卓哉
Takuya Kakutani

CONCEPT>>

お湯めぐる街、城崎温泉 都市観光という言葉があるように、都市で非日常空間を体験できる時代 地方観光地はどんな立ち位置をとるべきか そんな地方観光地の生き残り戦争のさなか、城崎温泉でも、町民の生活が軽視された観光テーマパーク化が進んでいる。それにより生じた住と観光の亀裂を修復しながら、城崎町ならではの新たなまちづくりを考える 財産であるお湯の価値を見直し、コミュニティならぬユミュニティによるまちづくり。

ID:077
Project

流れ滲む

立命館大学　4年生

鳥山 愛里
Airi Toriyama

CONCEPT>>
飽食の時代の真っ只中である日本。余った食べ物は都市にあふれ出し、その行方は人の目に触れることはない。食べ物の最終到達地点はゴミ箱ではない…食べ残しへの罪悪感は、誰しもの心の中でひそかに芽をつむっているのではないだろうか。食品ロスをなくすべく、ありふれた食べ物の行き場を、都市で忙しく行きかう人々と共有したい。

ID:078
Project

やきもののまちの証
ー伝統産業を記憶するためにー

立命館大学　4年生

山縣 一葉
Kazuha Yamagata

CONCEPT>>
伝統産業は人々の手によって、長い年月を経て、作り上げられてきたにも関わらず、終わりはあっけなく、誰も知らないうちに終わる。現在、伝統産業のあったまちには、古い建物や工場などが取り残され、魅力は保存されずさびれてしまっているところも多い。そこで本研究では、そのような伝統産業のまちとしてさびれてしまっている土地が持つ歴史文化やその町の持つ魅力を引き出し、受け継いでいくにはどうすればよいのか考える。

ID:079

Project

60分の積層

名城大学　4年生

加藤　福子
Fukuko Kato

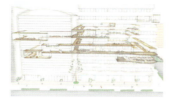

CONCEPT>>

どんなものを、誰と、どこで、どんなふうに食べるか。そんな日々の食事によって人生は劇的に変わる。働いている誰もが持っている約60分のお昼休みの食事の時間。よりおいしく、楽しく過ごす60分の積み重ねによって日々の生活が変わっていく。また、同じ食空間を共有する人との重なりによってその場所が様々な色に彩られていく。オフィス街に食の道である食道を通し、その食道によって人と人とを繋ぎ、街の景色を変えていく。

ID:080

Project

ナゴヤターミナル
－2027年、インフラ快楽主義時代の到来－

名古屋工業大学　4年生

大矢知　良
Ryo Oyachi

CONCEPT>>

2027年、リニア中央新幹線の開通にあたり地下開発が進む名古屋駅地区。従来の地下と地上を分断する開発に対して、地下から地上がインフラ快楽空間によって一体化する未来の地下駅の風景を描いた。街路空間を拡張し、そこに地下から地上にかけてヴォリュームを挿入する。地下街のプログラムを「滞留型＝大きな街路建築」、「通過型＝一筆動線のチューブ」に分け、双方のヴォリュームが複雑に混じり合う様子が地上まで表出する。

ID:082

Project

e-CO-mmunity
－公営住宅の再生における環境配慮型まちづくりー

滋賀県立大学大学院　修士1年生

橋本 菜都美
Natsumi Hashimoto

CONCEPT>>

公営住宅の時間経過を追ったリノベーションの提案。長屋形式の既存建築を1戸おきに減築、向かいの戸とつなぎ無秩序な増築となっていたあふれ出しを受け止める共有空間をつくる。残った既存の壁は時間経過とともに一枚ずつ大きな開口のある新しい壁に入れ替え、共有空間や屋外へ臨機応変なあふれ出しをする。また公営住宅を公共の施設ととらえ銭湯や集会室を設け、団地内に留まらないエネルギー、モノ、知識を共有するe-CO-mmunityを目指す。

ID:083

Project

ROUNDSCAPE
－遺構を辿り、書架が描く庭－

京都大学大学院　修士1年生

片山 英
Ei Katayama

CONCEPT>>

電子書籍の普及によってすべての公共図書館が消滅する時、書物は保存機関である国会図書館にしか存在し得ない。ここでは国内第三の国会図書館を、中国・四国地方最大の都市である広島に計画する。広島市民にとって戦災復興の象徴であった旧広島市民球場。その跡地に残存する遺構を残し、計画に活かすことで、この建築は広島のかつての記憶をこの地に留めながら、人々の未来の遺産となる書物を保存する。

ID:084
—
Project

ケンコウ×ケンチク

日本文理大学　4年生
—
岩丸 悠生
Yuki Iwamaru

CONCEPT>>

少子高齢化が進む地方都市大分。商業施設の郊外化に伴い、商業ビルの衰退も著しい。そこで駅前に福祉のまちとしての顔を担う医療施設を計画する。市街地の医療施設は機能を詰め込みすぎており、患者にとって心地の良いものではない。そこで建築の健全化を図る。各層の間に隙間を空け、公共空間としてまちに開く。病院との距離を縮めることで健康なうちから病院と接することにより病気の早期発見にもつながるのではないかと考える。

ID:085
—
Project

ナナメの柱のナナメのオフィス
ー密集都市におけるオフィスの再考ー

工学院大学　4年生
—
新井 健治
Kenji Arai

CONCEPT>>

密集都市に乱立しているオフィスビル。それらに変化を与えるきっかけとして、私はナナメの柱を考案する。Office/Fablab/Shopが重なり、それをナナメの柱がつなぐ。柱は上に下に、横に伸び、周囲のビルに侵入していく。柱はやがて街に広がる。柱は様々なものに変化する。本棚になったり、掲示板になったり…。この柱は柱であって柱ではない。カルチャーの発信源渋谷に、新たなモノの発信源が生まれる。

ID:086
—
Project

祭りの濃度

立命館大学　4年生
—
市川 雅也
Masaya Ichikawa

CONCEPT>>

多文化共生社会にむけ作られる国際都市。大阪もその一つだ。そんな都市の中で、生活の場に目を向けると外国人の多さと関係の希薄さに気付かされる。都市のインフラである駅と住まいのインフラ、二つのスケールが絡みあい貸し借りをすることで依存しあう、「都市の中に多文化と住まう種」を植える。種は人を集め、情報を集め、都市の様相を変えるような祭りの場を生む。

ID:087
—
Project

住の余白
－街に溶け込む小学校－

京都工芸繊維大学　4年生
—
谷口 寛明
Hiroaki Taniguchi

CONCEPT>>

本計画は「小学校らしい小学校」が閉鎖性であり周辺環境から隔絶された存在であるということに焦点を置いている。住宅地から分断された敷地を街のvoidと捉え一回り広い範囲を計画敷地とし、小学校を住宅地の延長線上の空間として考えることでそのポテンシャルを解放し地域に住人の住まい方や活動が表面化し、そこから生まれうるコミュニティの中で子供たちが地域レベルで学び、遊び、成長することのできる地域一体型の小学校を設計する。

ID:089

Project

「マチヤ」と「ミチ」
－積もり、重なり、繋がる－

熊本大学　3年生

芳野 航太
Kota Yoshino

CONCEPT>>

熊本市古町地区は町家が建ち並ぶ城下町。当時の人々は「道」を歩き、「町家」の店先に集まり、交流しながら様々な文化活動を展開していた。しかし、住宅地化に伴う町家の解体は、景観とともに人々の交流のキッカケを失くし、疎遠な町に変えてしまった。古町にとって重要な交流のキッカケを建築空間として再構築した「マチヤ」と「ミチ」。これらが積もり、重なり、つくられる複合文化施設が、古町が失くしてしまった交流のキッカケと人々の繋がりを取り戻す。

ID:092

Project

離合集散のいえとまち

九州産業大学　3年生

土屋 大悟
Daigo Tsuchiya

CONCEPT>>

賃貸アパートはなぜ存在するのか。持ち主が人に貸して利益を得るというために、密着した生活を私たちは強いられている。賃貸住宅はもっと、好きな街を選んで関わってゆける、自分に近い社会をつくる力を持っているはずだ。そんな可能性のある住居の提案。

ID:093
———
Project

かさねてずらしてゆがませて

福岡大学　4年生
———
谷口　日奈子
Hinako Taniguchi

CONCEPT>>

建物全体を厚さ70mmの円形のスラブをだんだんと大きさを変えながら積み重ねて、ずらすことで棚がうまれ展示空間や階段が生まれる。また建物をゆがませることで、島という地形や自然にとけこむ建築となる。この地形にとけこんだ建物は博多湾沿いの福岡の市街地から眺めると島の中に光がゆらいで見えるような建物となり、逆に建物の中からは積層が福岡市の風景を切り取る額縁となり、この景色も展示の一つとなるような展示空間である。

ID:094
———
Project

都市に建つ養殖塔

九州大学　4年生
———
相馬　貴文
Takafumi Soma

CONCEPT>>

この建物は水産業のための建築である。小さなコミュニティの中で完結しがちで消費者側からは不透明であった水産業を建築化することで、漁業は都市に開き、人々の身近なところで生産・流通・加工・消費が行われる。都市のなかで漁やせりが行われ、水産業の衰退し行くなかで、人々と漁業との距離が近くなる。そして、漁師は都市へ漁に出かける。

ID:095

Project

つながりの先に
－西中州地区リバーフロント計画－

明治大学　4年生

早川 侑
Susumu Hayakawa

CONCEPT>>

本計画では、福岡市において重要な博多港・博多駅・天神の3つのエリアをつなぐ可能性を秘めた那珂川の一部を対象としたリバーフロント計画である。建物が川沿いに立ち並ぶ西中洲エリアを対象に橋と橋とをつなぐ親水性のあるプロムナードを作り、川・プロムナード・建物を緩やかにつないでいく。静かな西中洲の町の雰囲気を守りつつ、福岡の町を象徴するようなこの場所に町をつなぐ新たな拠点と景色を提案する。

Messages from
Critic to Students

―――
クリティークから学生たちへ

池田 昌弘
Masahiro Ikeda

―――
池田昌弘建築研究所

島田 陽
Yo Shimada

―――
タトアーキテクツ
島田陽建築設計事務所

最初の設定の仕方、もしくはテーマの方向性、ベクトルのようなものとそれに対して建築として着地していることが大事なポイントだと感じた。狙っているテーマと目指しているゴールが、ある程度の完成度よりも、どういうことを考えているのか、どこまで頑張ったか、という観点で評価した。2日間通してディスカッションを進めていく中で学生のプレゼンが上手になって、クリティークから情報を得ていく様子が伝わってきた。今まで多くの設計の審査を行ってきたが、こうした学生の成長を目の当たりにした設計展は初めてであった。この2日間見てきたあなたたちのこれからの活躍が気になると思うので今後も頑張ってください。

誰でも応募できること、学生主催で、よく組織されていることが非常に印象的だった。今年は様々な卒業設計展の審査に呼んでいただいたのだけれど、全体として近年評価を得ていた私的で強固な世界観で魅せる学生達の作品の輝きがやや色あせ、入念なリサーチに裏付けられた、世界の拡がりを感じさせる作品が輝きを増しているように思えた。3.11以降の時代の空気も反映されているのだろうが、やや意外な結果だった。

長谷川 豪
Go Hasegawa

長谷川豪建築設計事務所

福岡デザインレビューで僕が驚いたのは、学生と審査員が接する機会が何回もあるということだ。事前審査/ポスターセッション/二次審査/決勝審査と、2日間で最大4回プレゼンテーションするチャンスがある。同じ相手に、何回も同じプロジェクトを説明するというのは簡単なことではない。同じ説明を繰り返されては聞くほうも飽きてしまうからだ。しかしプレゼンテーションを重ねるたびに、審査員の質疑やコメントを咀嚼し、作戦を立て、プロジェクトを成長させている学生が何人かいて、それがとても刺激的だった。いまや全国で数多くの卒業設計展があるなかで、こうした「成長のプロセス」を内包していることが福岡デザインレビューの大きな魅力であるように感じた。

成瀬 友梨
Yuri Naruse

成瀬・猪熊建築設計事務所

今年は福岡デザインレビューの他に、新潟卒業設計展、卒展(東京)にもクリティークとして参加したので、それらと比較すると非常に面白かった。新潟では都市に対する提案がほとんどなく、逆に東京は都市に対する提案が主であった。福岡は全国から案が集まったため、都市・地方様々な敷地を対象とする案が見られた。様々なファクターが絡み合う都市での提案は、地方に対する提案よりも圧倒的に難易度が高いと感じた。地方では問題がシンプルな分、建築的な一手が劇的に状況を改善するように錯覚させやすいのかもしれない。そんな中、福岡で最終的に最優秀賞を獲得したのが、都市を対象とした作品だったことは、大きな評価に値する。

山下 保博
Yasuhiro Yamashita

アトリエ・天工人

この「福岡デザインレビュー」の2週間前に関東を中心にした全国の学生の卒業設計を見る機会があった。その両方を見た中での感想としたい。5,6年前まで学生の中では「私的+詩的」な個の中に閉じられるような作品が多かったが、2011年3月11日の東日本大震災以降、コミュニケーションを題材にしたものが増えているように思う。個に閉じられるのではなく社会に開かれた案が多く出ていることは、特に評価をしたい。建築は、社会をデザインするツールであり活動であると日頃から思っており、私自身も行動しているからである。このデザインレビューの2日間は、いままでいくつもの講評会で審査をした中でも、特に講評者泣かせの過酷な会であったが、私自身も学生達のエネルギーの大きさに感動し、より多くの情熱を貰ったと思っている。みなさん、お疲れさまでした。

3月16日、福岡デザインレビュー2014が無事終わり、出展者、実行委員、その他関係者たちが喜びと安堵の気持ちに包まれている中、私は不安でした。翌日17日に控えるデザインレビューツアーの準備がまだ残っていたからです。ツアーの担当になっていた実行委員のメンバーを九州大学の製図室に集め、当日のしおり、ネームプレートづくり、参加者への詳細メールなどに追われていました。結局準備が終わったのが25時。スケジュールの十分な確認もできないまま当日を迎えることとなりました。

3日目に建築ツアーを行うことで、建築を学びながら学生同士が交流できる時間を作ろう、ということでツアーの企画は立ち上がりました。さまざまな先生や社会人のかた、友人などにアドバイスをいただき、なんとか実行させることができました。中でも特にお世話になったのが、スピングラス・アーキテクツで働いておりFAF（福岡建築ファウンデーション）のツアー部でもある野畑さんです。デザインレビュー初めての企画で、何から始めたらよいのか全く分かっていなかった私に、企画書の作り方からスケジュールの組み方など、ツアーに関する様々なことを教えてくださいました。また、ご自分の仕事があるにもかかわらず、各見学先との連絡も取り次いでいただき、打ち合わせにご同行いただきました。何から何までしていただき、本当に感謝しています。

ツアー当日、参加者は本当に来てくれるのだろうかという不安がありましたが、その心配は杞憂に終わりました。誰一人遅刻することなく集合していただけたからです。さらに、レビュー本選が終わった後ということもあって、ほとんどの人が肩の力が抜けている様子で、がちがちに緊張していた私もリラックスしてツアーを始めることができました。

ツアーには、日本建築家協会の水野さんにもご同行いただき、建物についていろいろと解説をしていただきました。そのほかにも、各建築に関係のある方に説明をいただいたりと、運営側としてもとても勉強になるツアーでした。学生同士も大学関係なく交流をしており、本来の目的も果たせたのではないかと思います。ツアー後も、参加した学生同士で食事に行ったりしたようでした。

反省点は多々ありましたが、ツアーは本当にやってよかったと感じました。たくさんの方に支えていただいたからこそできたことです。私が最もうれしかった瞬間は、ツアー運営の実行委員を募集した際に、名乗り上げてくれた人がいたときです。誰かと一緒にプロジェクトを運営する喜びを知ることができました。

DR × ツアー

Design Review × Tour

福岡デザインレビューのトリを飾った初企画、福岡建築ツアー。ツアー責任者の格闘の記と感謝の言葉。

Column **4**

九州大学 3年生

森 隆太
Ryuta Mori

だれかと一緒にプロジェクトを運営する喜び！

Focus of **Critic**
DAY TWO:DESIGN REVEW2014

密着クリティーク

クリティークをつとめた建築家は、学生にとってはまだまだ雲の上の人。密着取材担当者も緊張しないわけがない。しかし、クリティークといっしょに過ごした2日間、その夢、人間味、時には葛藤に触れることで、その存在は、いつか到達すべき目標となった。

Focus of
Critic 1

密着クリティーク

Critic
池田 昌弘
Masahiro Ikeda

取材担当
Coverage

九州大学 2年生
山口 奈津子
Natsuko Yamaguchi

3月15日の福岡空港。緊張で棒立ちの私。そこに颯爽と現れたのは、ひときわお洒落な装いの池田昌弘さん。優しげな雰囲気に次第に緊張がほぐれ、この方に密着する2日間に胸が躍るのを感じた。初日に行なわれたポスターセッション。設計趣旨だけでなく構造や材料についても言及されていたその姿は、まさに「構造家・池田昌弘」。綿密な調査のもと計画された学生作品を前にすると、積極的に発言なさっていたのがとても印象的だった。
2日目も無事終了し、空港へ向かう車中にて。池田さんは今大会についての感想を話してくださった。来年度以降の大会運営の上で有用かつ貴重なご意見をいただくことができた。そして、私にくださった感謝と激励の言葉。「ありがとう。これから頑張ってね。」
池田さんからの言葉というだけで、なぜこんなにも意欲が湧いてくるのか。決意を新たに、今後も建築という学問を楽しみたい。この素敵な出会いと経験に、心より感謝する。

Focus of
Critic 2

密着クリティーク

Critic
島田 陽
YO SHIMADA

×

取材担当
Coverage

九州大学 1年生
長尾 謙登
KENTO NAGAO

1年生に務まるのかと思いつつも、こんな機会は滅多にないだろうということで密着クリティークをやってみることにした。僕は島田陽さんの担当だったが、やはり建築家として現場で活躍している人の意見・指摘の鋭さ、目の付け所は違う。横に着いて耳を傾けるだけでも得られるものがあった。出展者すべてを見て回りたい、1人1分まで対応しようとおっしゃられ、スピード感のあるポスターセッションだったが、その限られた時間の中でもきちんと出展者の話を聞き、質問していて、その集中力と理解の速さに圧倒された。中には3分を超えることもあり、そういった出展者は二次選考まで進んでいったような気がする。やはり興味のある作品にはそれだけ聞きたいことも出てくるのだろうと思った。島田さんは、ふらりと会場から消えてしまったりつかみ所のない方だったが、建築に対する熱意はひしひしと感じた。耳学でもいい経験でした。

Focus of
Critic 3

密着クリティーク

Critic
成瀬 友梨
Yuri Naruse

取材担当
Coverage

九州大学 2年生
遠藤 由貴
Yuki Endo

「ぐりんぐりんにある槙さんのフォリーを一緒に見に行きたいな」。
成瀬さんと初めて会場で出会ったときのこの一言で人柄が分かった気がした。気さくで温かくて、本当に建築が好きなのだろう。不安に感じていたこれからの2日間が楽しみなものに変わった。作品の審査が始まる。出展者に投げかける言葉には時折厳しいものも混じる。「この建築によって周囲の人にはどんないいことがあるの？」出展者にたびたび投げかけられるこの問いがとても印象的であった。自分がいいと思うものを作るだけでは足りない。それが周囲にどんな影響を及ぼすのか。建築が自己完結してしまっていないか。成瀬さんの講評を2日間そばで聞いていて、設計するということに対する認識を変えることが出来た。第一線で活躍している方の話や考え方に浸ることができた贅沢すぎる2日間。この時間で得たものをこれからに生かしたい。この機会を与えてくれた多くの人に感謝する。

Focus of
Critic 4

密着クリティーク

Critic
長谷川 豪
Go Hasegawa

取材担当
Coverage

九州大学 2年生

久保 緩呂子
Hiroko Kubo

　私は空港の到着口である人を待っていた。ずっと待っていたが、その姿を見つけることができずにいたところに1本の電話が掛かってきた。「会場に着かれました。」急いで会場に向かった。会場に着くとその人はゆっくりと出展作品を見て回っていた。こうして建築家長谷川豪に密着する2日間が始まった。どうやら、私が到着口で待っていることをご存じなく、自力で会場に向かわれたという。その行動力に驚いていたもの束の間、ポスターセッションが始まった。1人当たり30秒〜1分という短時間の中で出展者の話を聞き、的確な質問を淡々としてゆく。しかし続く2日目の二次審査や決勝ではエンジンが掛かったかのように熱く語りながら誰よりも議論を楽しんでいるようだった。その行動力に、その集中力に、その熱意に、その好奇心に驚かされることばかりであった建築家長谷川豪。このような方に密着するという有意義な時間をいただけたことを心より感謝申し上げたい。

Focus of
Critic 5

密着クリティーク

Critic

山下 保博
Yasuhiro Yamashita

取材担当
Coverage

九州大学 1年生

芦澤 郁美
Yumi Ashizawa

「1、2年生にとってはすごく勉強になる大会だと思うので…」という言葉に心を奪われ参加することに決めた福岡デザインレビュー。実際に建築家の方に会ってお話を聞ける、先輩方の熱い思いを聞けるとワクワクして臨んだ。担当させていただいたクリティークは山下保博さん。事前審査では、すべてのプレゼンボードに目を通し評価をされた。そこでは何を基準に作品を評価しているのか教えてくださった。建築学科生として歩み始めた私にとっては、新たな視点を得られたよい機会であった。 ポスターセッションでは1作品につき30秒で①コンセプト②敷地③リサーチのプレゼンを課した。印象的だったのは調査に対する山下さんの姿勢であった。"調査はどれくらいしたの？""法的にはどうなの？""その仕組みって、その地域では可能なの？"建築家のすべきことの奥深さを感じた。山下さんをはじめ多くの建築家の方とお話ができたとても幸せな2日間であった。

DR ✕ 永井心くん

Design Review ×
Sin Nagai

デザインレビューは、だれでも訪れることができるオープンな審査会。ときにはこんな素敵なお客様も…。

Column 5

緊急レポーター
九州大学 3年生

柳 ひかる
Hikaru Yanagi

デザインレビューには先生方や建築学生、大人たちに紛れて小さな審査員も来てくれていました。小学3年生の永井心くんです。デザインレビューには毎年ご両親と来ていたようなのですが、今年は1人で来たと言う心くん。2日間にわたり会場内を何度もまわって、何かをメモしたり写真を撮る姿に、周囲から少し注目される存在に。そこで記録部は心くんと、お母様に手紙で取材の協力をお願いし、心くんの特設ページをつくることにしました！

何をメモっているのかな？どんな写真を撮っているのかな？まわりの大人たちもだんだん気になってきました…。

真剣な表情で一つ一つの作品の撮影をする心くん。持参したノートに評価を付けている姿は大人顔負け。

小学生審査員 永井心くんにインタビュー

柳：学校の勉強は何が好き？

心くん：図工と算数と、理科っていうか…物理とか。いまやっている理科は、ヒマワリとホウセンカ、電池、風と雲…。

―― 作品を見ながら何をメモしていたのか聞いてみると、◎○△×で評価をつけていたとのこと。しかも、何度も見て回り、他の作品と比べて評価をし直す徹底ぶり！

柳：評価をするときに、どんなところを見ているの？

心くん：それが本当に建てられたときの使いやすさ。階段とか、繋がっているところをずっと追って見ていくとか。それと、模型で使われている素材で本当に建てることができるのかな？とか。模型が木で作られていても、実際には木では建てられないんじゃないかなぁって思ったりします。

―― 目のつけどころが鋭いです。シビアに評価をつける心くんに、一番良かった作品を決めてもらったところ、ID番号032番、九州大学白石レイさんの『生きるために、死ぬ建築』に決定！

柳：どんなところがよかった？

心くん：長いトンネルになってるんですけど、穴から太陽の光が入るようになっていて植物がたくさんあるところとか、飛び出てるところがあって、外の景色を見られるようになってるのが、いいなと思いました。白石さんに聞きたいことがあって。ここのお月見台みたいなところからは何が見えるんですか？

白石：この先には、街が広がってて、海もあるんだよ。

心くん：トンネルの中にトンネルがはいってるのが、いいなぁって思いました。

白石：ありがとう。住居があるところと、そこから出てきて広場で遊んだり、みんなでピアノを弾いて音楽をする場所があったりするんだよ。

心くん：そうなんだ…このピアノが上手だなって思いました。

白石：ありがとう。(笑)

―― 本当に建築が好きなようで、白石さんに次から次へと質問が止まりません。デザインレビューが子どもでも楽しめる場になっていること、好きな物を追求できる場になっていることは嬉しいですね。将来は何か物をつくる仕事をしたいと言う心くんの今後に期待大です！

白石さんからのコメント

『私の卒業設計は精神障害を扱っているのですが、その出発点は障害者とともに暮らす子どもたちのために何かしたいという思いからでした。なので、心くんから賞をもらえたことは私にとってとても特別な出来事で、正直かなり感動しました。』

List of Executive
Committee Members
実行委員会

Exhibitors of
Fukuoka Design
Review 2014

総務部		
実行委員長		
土井谷 亮	（九州大学3年生）	
副実行委員長		
古里 さなえ	（九州大学3年生）	
引き継ぎ担当		
五嶋 朗大	（福岡大学2年生）	
運営部		
運営部長		
土橋 泉咲	（九州大学3年生）	
久保田 衣梨那	（九州産業大学3年生）	
鹿嶋 渉	（九州大学3年生）	
高橋 昂平	（九州大学3年生）	

森 隆太	（九州大学3年生）
小川 拓郎	（九州大学2年生）
奥村 光城	（九州大学2年生）
藤本 将弥	（九州大学2年生）
薮井 翔太郎	（九州大学2年生）
石井 陽菜	（佐賀大学2年生）
桑田 裕作	（佐賀大学2年生）
嶋津 愛里	（佐賀大学2年生）
藤井 理道	（佐賀大学2年生）
山田 章人	（佐賀大学2年生）
新地 有沙	（福岡大学2年生）
山本 葵	（福岡大学2年生）
中島 拓真	（福岡大学2年生）
密着クリティーク	
中野 雄貴	（九州大学3年生）
古里 さなえ	（九州大学3年生）
遠藤 由貴	（九州大学2年生）

久保 綏呂子	(九州大学2年生)	財務部			社会人実行委員	
山口 奈津子	(九州大学2年生)					
芦澤 郁美	(九州大学1年生)	財務部長			水野 宏	(水野宏建築事務所)
長尾 謙登	(九州大学1年生)	前野 眞平	(九州大学3年生)		川津 悠嗣	(かわつひろし建築工房)
石井 陽菜	(佐賀大学2年生)				村上 明生	(アトリエサンカクスケール)
奥田 菜都実	(佐賀大学2年生)	黒崎 健太	(九州大学3年生)		末廣 香織	(九州大学)
嶋津 愛里	(佐賀大学2年生)	塚本 宣	(九州大学3年生)		末廣 宜子	(NKSアーキテクツ)
		山田 達郎	(九州大学3年生)		前田 哲	(日本設計)
広報部		住田 裕美	(佐賀大学2年生)		内田 貴久	(内田貴久建築設計事務所)
					吉瀬 公惠	(JIA九州支部事務局)
広報部長		記録部				
久保 綏呂子	(九州大学2年生)					
		記録部長				
山口 奈津子	(九州大学2年生)	井桁 由貴	(九州大学2年生)			
河森 拓也	(福岡大学2年生)					
笹尾 尚樹	(福岡大学2年生)	柳 ひかる	(九州大学3年生)			
高橋 栄司	(福岡大学2年生)	奥田 菜都実	(佐賀大学2年生)			
朴 虎哲	(福岡大学2年生)	井川 圭一郎	(福岡大学2年生)			
		鹿内 愛軌	(福岡大学2年生)			

記録部 あとがき
Recording part
Afterword

　まず、今回福岡デザインレビュー2014の記録誌作成にあたって多くの方のお助けとご協力頂きましたことを心から感謝いたします。思えば、私が記録部に入ったきっかけは委員長からやってみない？と言われ、あまり深く考えずに「ぜひやってみたいです」と答えたことでした。本の製作なんて初めて、編集や構成をどこから始めていいのかも分からない、あらゆることに関して私は素人でした。にも関わらず、こうして無事に記録誌を出版できることになったのもほぼ丸一年にわたって一から丁寧に記録誌の作成を指導してくださった編集スタッフの皆様のおかげです。一冊の本を作るという、貴重な経験をさせて頂けたと思っております。出展者の方々には大会が終わってから何度もデータ提供にご協力いただきました。中には大学卒業後社会人になられた方もいらっしゃってお忙しいにも関わらず、ご迷惑をお掛けしたと思います。さらには二度手間のお願いをしてしまったこともあり、自分の実力不足を痛感するとともに、快く協力してくださる出展者の方々には感謝の気持ちでいっぱいです。今年度の記録誌は、新たな試みとしてクリティークの対談や実行委員のコラムなどを盛り込んでいます。今回出展された方だけでなく、来年レビューへの出展をお考えの方、レビューの運営の裏側を見てみたい！という方など多くの方に読んで楽しんでもらえたらと思っております。そしてこの記録誌を機に多くの方にデザインレビューの試みを知っていただけたら幸いです。最後になりましたが、記録誌作成にご協力頂いた全ての方に感謝申し上げます。本当にありがとうございました。

福岡デザインレビュー2014実行委員会
記録部長：井桁 由貴

実行委員長 あとがき
Chairman Afterword

はじめに、福岡デザインレビュー2014を共催、後援、協賛いただいた多くの個人、団体、企業の皆様、また当日会場に足を運んでくださった来場者の皆様に今年度も大会を成功させることが出来ましたことを心よりお礼申し上げます。今年度のデザインレビューは共創戦略というテーマを掲げ、建築学生の競い合いの場が、同時に学生以外の多くの人を巻き込んだ大きな共創の場となるような大会を目指してきました。出展者は2日間で3回以上もプレゼンテーションするというハードなプログラムでしたが、多くの作品が回数を重なるごとにどんどん議論の質を高めており、とても有意義な大会になったのではないかと感じています。特に卒業設計以外の作品で、今年度は九州大2年の伊達君が優秀賞をとりました。設計の密度でいえばやはり2、3年生の設計よりも4年生の卒業設計の方が高いのですが、着眼点やアイデアがしっかりしていれば、クリティークや来場客との対話を重ねていく中で自分の作品の強みや自分の考えの伝え方などを発見し、作品の完成度を高めていくことができるのだと再確認しました。また今年度の新たな試みとして行った大会3日目の福岡建築ツアーでは大会を終えた出展者同士で良い交流ができたようです。様々な環境で建築を学ぶ学生が自由に交流できる場所がもっと必要だと思うので、本企画はその一躍となったのではないかと思います。さて、福岡デザインレビューは来年でいよいよ20回目を迎えます。デザインレビューを経験した学生があらゆる分野でいっそう活躍できるよう、福岡デザインレビューをこれからもどうぞよろしくお願いします。

福岡デザインレビュー2014 実行委員会
実行委員長：土井谷 亮

応募要項
DESIGN REVEW2014
Application Requirements

応募資格：
大学、大学院、短大、高専などに所属し、建築、都市、ランドスケープに関して学ぶ学生、学年不問（ただし、2014年3月15日・16日ともに参加できること）

応募作品の規定：
作品は1人1作品（共同制作可）、出展者が著作権を有するオリジナルな提案であれば、卒業設計、設計課題、コンペ出品作品などいずれも可／作品のテーマ、内容不問／過去のデザインレビューに応募した作品は再応募不可

応募作品サイズの規定：
展示可能なパネルサイズ（幅900mm×高2,100mm）／模型の展示も可能（模型展示エリアは1作品あたり幅1,000mm×奥1,000mm）／模型展示台は無し※使用する場合は模型展示エリア内のサイズで各自準備をお願いします。※会場の広さに限りがあるため、模型展示エリアをお守りください。※はみ出しによる模型の破損等は責任を負いかねます

賞に関して：
2日目のトーナメントにより【最優秀賞1名、優秀賞2名】を選定し、表彰／全作品の中から、各クリティークによる【クリティーク賞各1名】／九州各地方の大学に所属する出展者の卒業設計作品の中から、JIA九州卒業設計選奨を数点選出し同時に表彰

予選：
予選登録者の中から予選通過者を100名程度選出

予選登録期間：
2014年1月25日（土）0:00〜2月7日（金）24:00

予選登録料：1,000円

予選提出物：
エントリーしたい作品の設計意図を説明するために必要な文章、図面、模型写真などをA3用紙横使い1枚にまとめて提出（パネルA3ノビ不可）／用紙の表側右下に登録ID（MSゴシック20pt）を記載／なお、表側には所属名、設計者氏名は一切記入しないこと／裏側に登録票を記入の上、貼付※提出物の返却はいたしません※予選の提出締切は2月22日（金）16:00必着とし、遅れて届いた作品は無効となります
※無効となった作品の予選登録料の返金は一切お受けできませんのでご注意ください

予選審査委員：
池添 昌幸（福岡大学准教授）
鵜飼 哲矢（九州大学准教授／鵜飼哲矢事務所）
平瀬 有人（佐賀大学准教授／yHa architects）
矢作 昌生（九州産業大学准教授／矢作昌生建築設計事務所）

本選：
予選審査後、予選通過者には実行委員会からEメールで通知、公式ホームページ上でも発表

本選参加料：4,000円

プレゼンテーションデータに関して：
1日目の公開審査で選抜された方は、2日目の決勝ラウンドでプレゼンテーションを行う／選抜者は2日目の受付の際に、3分間にまとめたプレゼンテーション用のPowerPointデータを確認するので、磁気媒体データを各自作成保管しておくこと

作品搬入・搬出に関して：
初日にパネル・模型等の作品は各自で会場に搬入・展示／展示のためのテープ、押しピン等は各自で用意／配送に利用する業者の指定無し／送料等については各配送業者に問い合わせてください／配送、受取りまでは参加者自身で行い、主催者側で受け取り代行及び保管はしない

日時：2014年3月15日（土）・16日（日）
会場：アイランドシティ「ぐりんぐりん」
　　　　福岡市東区香椎照葉4-26-7

主催：福岡デザインレビュー2014実行委員会
　　　　日本建築家協会 九州支部
共催：アイランドシティ中央公園管理事務局
　　　　福岡デザイン倶楽部
特別共催：（株）総合資格
後援：福岡市

福岡デザインレビューについてのお問い合わせ先：
〒810-0022 福岡県福岡市中央区薬院1-4-8あずまビル2F
公益社団法人 日本建築家協会九州支部
TEL 092-761-5267　FAX 092-752-2378

協賛リスト
DESIGN REVEW2014
Sponsors List

特別協賛：
(株)総合資格

企業協賛：
(株)アイ・トレーディング
(株)梓設計　九州支社
(株)イトーキ　西日本支社
(株)大林組　九州支店
(株)甲斐建設
(株)鹿島技研
鹿島建設(株)九州支店
九州産業大学
(株)ケイス
(株)建築企画コム・フォレスト
(株)佐藤総合計画　九州事務所
三協立山(株)三協アルミ社
清水建設(株)九州支店
積水ハウス(株)　アイランドシティ開発室
(株)染野製作所　福岡営業所
大成建設(株)　九州支店
(株)竹中工務店　九州支店
立川ブラインド工業(株)　福岡支店
(株)日建設計　九州オフィス
(株)日本設計　九州支社
(株)ベガハウス
北海道パーケット工業(株)　九州営業所
(株)松山建築設計室
(株)ミスターフローリング
(株)三菱地所設計　九州支店
(株)メイ建築研究所
ヤマギワ(株)　九州支社
(株)山下設計　九州支社
(株)LIXIL
JIA九州支部
JIA九州支部　福岡地域会
JIA九州支部　福岡地域会協力会
JIA九州支部　鹿児島地域会
積水ハウス株式会社
九電不動産株式会社
西日本鉄道株式会社
西部ガスリビング株式会社

個人協賛：
鮎川 透　　　(株)環・設計工房一級建築士事務所
有馬 隆文　　九州大学
家原 英生　　(有)Y設計室
板野 純　　　ナガハマデザインスタジオ一級建築士事務所
市川 清貴　　(有)市川建築設計事務所
井手 健一郎　リズムデザイン一級建築士事務所
井本 重美　　イモトアーキテクツ
岩本 茂美　　(株)傳設計
上田 真樹　　(有)祐建築設計事務所
内田 貴久　　内田貴久建築設計事務所
大坪 克也　　風土計画一級建築士事務所
角銅 剛太　　(有)福岡建築設計事務所
川津 悠嗣　　かわつひろし建築工房
栗山 政雄　　(株)栗山建築設計研究所
後藤 隆太郎　佐賀大学
志賀 勉　　　九州大学
高司 憲夫　　(株)ハートス設計
田口 陽子　　佐賀大学
田中 俊彰　　(有)田中俊彰設計室
田中 康裕　　(株)キャディスと風建築工房
谷口 遵　　　(有)建築デザイン工房
豊田 宏二　　文化デザイン研究所
樋口 稔　　　(株)日新技建一級建築士事務所
平瀬 有人　　佐賀大学
渕上 貴由樹　佐賀大学
古川 稔　　　(株)アーキ・プラン
古森 弘一　　(株)古森弘一建築設計事務所
前田 哲　　　(株)日本設計 九州支社
松岡 恭子　　(株)スピングラス・アーキテクツ
三迫 靖史　　(株)東畑建築事務所九州事務所
三島 信雄　　佐賀大学
水野 宏　　　(株)水野宏建築事務所
村上 明生　　アトリエサンカクスケール株式会社
森 裕　　　　(株)森裕建築設計事務所
柳瀬 真澄　　柳瀬真澄建築設計工房
矢作 昌生　　矢作昌生建築設計事務所
山澤 宣勝　　てと建築工房一級建築士事務所
和田 正樹　　(株)和田設計コンサルタント

(五十音順　敬称略)

インフォメーション

建築士試験の変更と受験資格の厳格化

まずは一級建築士で大きな変更に!
建築士法改正で、2009年度から一級建築士の受験資格要件が変わり、試験内容も変更となった。資格要件では、「国土交通大臣が指定する建築に関する科目(指定科目)を修めて卒業後、所定の実務経験」を積むことが必要となり、試験内容では、従来4科目だった学科試験に、「環境・設備」が加わり、5科目(I.計画、II.環境・設備、III.法規、IV.構造、V.施工)になるなど大きな変更となった。製図試験においては、構造設計や設備設計に関する条件が課され、より実務に関する知識が問われるようになった。

二級建築士試験も2012年度から新試験がスタート!
一級建築士試験の見直しに続き、2012年度には、二級建築士の試験内容が大幅に見直された。学科試験は科目構成や出題数の変更はないものの、技術の進歩・高度化や環境問題、法改正などを踏まえて見直されることとなり、今後新傾向の問題が増えると予想される。設計製図試験は「計画の要点」の記述が課されたり、試験時間も30分増え5時間になるなど、大きな変更となった。

技術者不足からくる建築士の需要

東日本大震災からの復興に続き、公共事業の増加や景気回復の影響を受け、建設業界は長期間にわたる不況から脱しつつあります。さらに2020年の東京オリンピック開催が正式に決定したことにより、今後もますます建設需要が拡大することが予想されます。しかし、かねてから続く人材不足が解消されないまま、建設需要だけが大幅に拡大しているため、人材不足はますます深刻に進み、特に監理技術者・主任技術者の不足は大きな問題となっています。

1 東日本大震災の復興
2011年に発生した東日本大震災。被災地全体の一日も早い復興のために、現在も作業が急ピッチで進められています。

2 東京オリンピック2020
2020年の開催が決定した東京オリンピック。施設の新設やインフラ整備など、様々な工事が行われる予定で、建設業界への大きな追い風になることが期待されています。

Topic ▶ 国土強靭化
国民の生命と財産を守るため、強くてしなやかな国づくりを目指す

東日本大震災・笹子トンネル天井板崩落事故等を教訓に、2013年12月に「国土強靭化基本法」が成立しました。同時に「国土強靭化政策大綱(案)」も示され、国策として国土強靭化を推進する体制が整いつつあります。この政策により「防災・減災対策」や「老朽化対策」等で、今後、公共事業が大幅に増加することが見込まれています。

二級建築士

建築士のスタートかつ使える資格、二級建築士

「二級建築士をとばして、いきなり一級建築士を取得するからいいよ」は昔の話です。建築士試験そのものが難化しており、働きながら一級建築士を一発で取得することは難しい状況となっています。また、二級建築士でも住宅や事務所の用途であれば木造なら3階建て1000㎡まで、鉄骨やRCなら3階建て300㎡まで設計が可能なのです。
まして、独立時は小規模建築から始めることが多く、ほとんどの設計事務所ではこの規模の業務が中心となります。ですから二級建築士を取得していれば、ほとんどの物件が自分の責任で設計監理ができるのです（設計事務所以外でも建築関連企業、特に住宅メーカーや住宅設備メーカーでは二級建築士資格は必備資格となっています）。
ただし、独立開業するには管理建築士の資格が必要となります。二級建築士として管理建築士になっておけば、将来一級建築士を取得したときには即一級建築士事務所として仕事が開始できるのです。その意味でも二級建築士は建築士のスタートであり、かつ、実務的にも使える資格といえます。

大学院生は在学中に二級建築士資格を取得しておくべき

大学院生は修士1年（以下M1という）で二級建築士試験の受験可能となります。在学中に二級建築士資格を取得し、卒業後、資格者として責任ある立場で建築の実務経験を積むことが企業からも求められています。そして、人の生命・財産をあつかう建築のプロとしてはそれが本来の姿なのです。また、実務資格である建築士資格の取得に際して、「最低ラインでも合格できればいいや」ではなく、建築にたずさわる者は前述のごとく、人の生命・財産をあつかうプロとして責任を果たさなくてはいけません。本来、100点または限りなく100点に近い点数で合格しなくてはならないのです。
そのためには、在学中（学部3年次）から勉強をスタートすることが必要となります。今、すごく忙しいと思っていても、社会人になれば、今以上に忙しいものなのです。後になって気がついても‥‥。
M1で二級建築士資格を取得しておけば、①就活にも有利にはたらきます②就職試験対策にもなります③将来建築関連企業に就職すれば学習で得た知識が建築の実務で活かすことができます。大学卒業後就職する方も同様に、就職1年目に二級建築士資格を取得しておくべきです。

難化する二級建築士試験

2004年度と2013年度の合格者属性「受験資格別」の項目を比較すると、「学歴のみ」の合格者が17ポイント以上も増加していることが分かる。以前までなら直接一級をめざしていた高学歴層が二級へと流入している状況がうかがえる。二級建築士は、一級に挑戦する前の基礎学習として、徐々に人気が出ているようだ。その結果、二級建築士試験が難化を見せ始めている。資格スクールの利用も含め、合格のためには万全の準備で臨む必要がある。

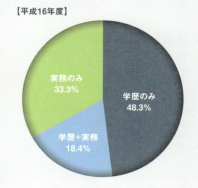

【平成16年度】

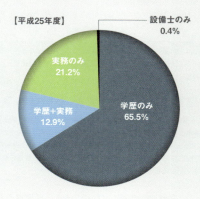

【平成25年度】

インフォメーション

管理建築士

建築士事務所は、管理建築士が管理しなくてはならない。管理建築士とは、建築士法第24条に定める、事務所の技術的事項を管理する建築士のこと。建築士事務所には、必ず1人以上の管理建築士を置かなければならない。管理建築士になるには、建築士として3年以上の設計その他の国土交通省令で定める業務に従事した後、国土交通大臣の登録を受けた機関が行う管理建築士講習の課程を修了する必要がある。

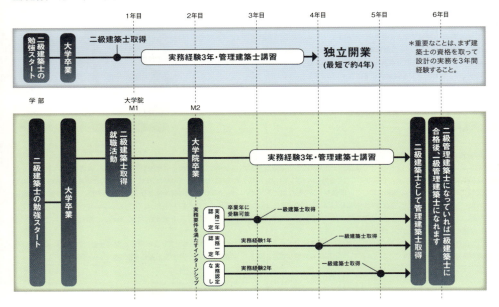

一級建築士の受験資格をチェック

平成21年以降大学院に進学した人……

院在学中に建築事務所などでのインターンシップ等で、30単位取得できれば、通常は卒業後すぐに一級建築士は受験可能。(1年実務しか認められないケースもあるので各々調査が必要。)
卒業年にストレートで試験に合格(卒業前から試験勉強をしておくことを推奨)した後、実務に3年従事し、管理技術者講習を受講・修了すれば管理建築士に！

インターンシップ等の単位を取得未定の人……

大学院在学中に二級建築士に合格して、就職後実務3年で管理建築士になるというプランが最も堅実。近い将来、このプロセスがポピュラーな道になると思われる。

二級建築士でも管理建築士になれる

二級建築士を取得後、実務を3年間経験し、管理建築士講習の課程を修了すれば管理建築士になれる。一級建築士事務所の管理建築士になるためには、一級建築士の資格が必要だが、一級建築士の資格取得には時間がかかることが予想される。先に二級建築士を取得しておくことで、一級建築士取得後にスムーズに一建築士事務所の管理建築士になる要件を満たすことができる。

※建築士事務所は、管理建築士(一建築士法第24条に定める、専任の建築士)が管理しなければならない。また、「管理建築士」が不在となった場合は、30日以内に廃業等の届を提出しなければならない。

在学中に勉強して取得できる二級建築士・管理建築士講習についての詳しい情報は、総合資格学院のホームページへ。

建築士・宅建・インテリアコーディネーター合格率 (2014年5月時点)

1級建築士
(公財)建築技術教育普及センター発表による

年	総合合格率	学科/設計製図 各合格率	合格者数	受験者数	学科合格最低ライン
2007年	8.0%	学科 11.3% / 設計製図 49.4%	4,936 / 3,705	43,566 / 7,501	63点/100点
2008年	8.1%	学科 15.1% / 設計製図 41.7%	7,364 / 4,144	48,651 / 9,935	64点/100点
2009年	11.0%	学科 19.6% / 設計製図 41.2%	8,323 / 5,164	42,569 / 12,545	97点/125点
2010年	10.3%	学科 15.1% / 設計製図 41.8%	5,814 / 4,476	38,476 / 10,705	88点/125点
2011年	11.7%	学科 15.7% / 設計製図 40.7%	5,174 / 4,560	32,843 / 11,202	87点/125点
2012年	12.4%	学科 18.2% / 設計製図 41.7%	5,361 / 4,276	29,484 / 10,242	94点/125点
2013年	12.7%	学科 19.0% / 設計製図 40.8%	5,103 / 4,014	26,801 / 9,830	92点/125点

2級建築士
(公財)建築技術教育普及センター発表による

年	総合合格率	学科/設計製図 各合格率	合格者数	受験者数	学科合格最低ライン
2007年	19.7%	学科 31.9% / 設計製図 50.9%	10,066 / 7,178	31,574 / 14,090	60点/100点
2008年	22.4%	学科 37.5% / 設計製図 52.0%	12,867 / 8,901	34,342 / 17,108	60点/100点
2009年	22.8%	学科 32.9% / 設計製図 53.0%	9,863 / 8,298	29,977 / 15,652	60点/100点
2010年	24.3%	学科 39.4% / 設計製図 52.1%	10,401 / 7,706	26,371 / 14,786	60点/100点
2011年	24.8%	学科 38.2% / 設計製図 52.6%	8,784 / 7,039	23,012 / 13,389	60点/100点
2012年	23.1%	学科 33.0% / 設計製図 52.5%	7,059 / 6,115	21,421 / 11,651	60点/100点
2013年	19.5%	学科 28.3% / 設計製図 53.0%	6,013 / 4,864	21,251 / 9,185	58点/100点

宅地建物取引主任者
(一財)不動産適正取引推進機構発表による

年	合格率	合格者数	受験者数	申込者数	合格最低ライン
2007年	17.3%	36,203	209,684	260,633	35点/50点
2008年	16.2%	33,946	209,415	260,591	33点/50点
2009年	17.9%	34,918	195,515	241,944	33点/50点
2010年	15.2%	28,311	186,542	228,214	36点/50点
2011年	16.1%	30,391	188,572	231,596	36点/50点
2012年	16.7%	32,000	191,169	236,350	33点/50点
2013年	15.3%	28,470	186,304	234,586	33点/50点

インテリアコーディネーター
公益社団法人インテリア産業協会

年	一次試験 合格者数/受験者数	合格率	二次試験 合格者数/受験者数	合格率	最終合格者数/一次試験免除者数	最終合格率
2010年	3,091 / 10,492	29.5%	2,484 / 4,280 (1,580)	58.0%	2,484 / 10,719	23.2%
2011年	2,926 / 9,509	30.8%	2,472 / 4,114 (1,534)	60.1%	2,472 / 9,876	25.0%
2012年	2,942 / 9,515	30.9%	2,554 / 4,030 (1,413)	63.4%	2,554 / 9,789	26.1%
2013年	2,941 / 9,502	31.0%	2,362 / 3,868 (1,223)	61.1%	2,362 / 9,605	24.6%

平成25年度 1級建築士設計製図試験
1級建築士卒業学校別実績 (卒業生合格者20名以上の全学校一覧／現役受講生のみ)

下記学校卒業合格者の **62.9%** が総合資格学院の現役受講生でした。 合格者合計 2,143名中 当学院現役受講生 1,347名

順位	学校名	合格者数	当学院合格者	当学院利用率
1	日本大学	212	128	60.4%
2	東京理科大学	130	91	70.0%
3	工学院大学	102	58	56.9%
4	芝浦工業大学	96	67	69.8%
5	近畿大学	90	47	52.2%
6	早稲田大学	62	41	66.1%
7	東海大学	60	33	55.0%
8	明治大学	57	41	71.9%
9	法政大学	55	34	61.8%
10	中央工学校	53	29	54.7%
11	京都工芸繊維大学	49	35	71.4%
12	大阪工業大学	48	23	47.9%
13	神戸大学	47	32	68.1%
14	千葉大学	45	24	53.3%
15	関西大学	45	31	68.9%
16	広島大学	44	27	61.4%
17	九州大学	40	24	60.0%
18	東京都市大学	39	22	56.4%
19	東京大学	38	18	47.4%
20	東京電機大学	37	27	73.0%
21	東京工業大学	36	23	63.9%
22	神奈川大学	36	24	66.7%
23	東京都市大学	36	23	63.9%
24	金沢工業大学	35	19	54.3%
25	横浜国立大学	35	20	57.1%
26	名古屋工業大学	33	24	72.7%
26	千葉工業大学	33	24	72.7%
26	熊本大学	33	20	60.6%
26	広島工業大学	33	27	81.8%
30	名城大学	32	22	68.8%
31	東洋大学	30	24	80.0%
32	愛知工業大学	29	22	75.9%
32	東北大学	29	16	55.2%
32	大阪大学	29	18	62.1%
35	首都大学東京	28	15	53.6%
36	大阪市立大学	27	18	66.7%
36	新潟大学	27	14	51.9%
36	立命館大学	27	19	70.4%
39	日本工業大学	26	16	61.5%
40	鹿児島大学	25	15	60.0%
41	関東学院大学	24	14	58.3%
42	名古屋大学	23	13	56.5%
42	宇都宮大学	23	17	73.9%
42	前橋工科大学	23	16	69.6%
45	日本女子大学	21	15	71.4%
45	豊橋技術科学大学	21	16	76.2%
47	福井大学	20	8	40.0%
47	室蘭工業大学	20	13	65.0%

※卒業学校別合格者は、試験実施機関である(公財)建築技術教育普及センターの発表によるものです。※総合資格学院の合格者数には、「2級建築士」等を受験資格として申し込まれた方も含まれている可能性があります。
※総合資格学院の合格実績には、模擬試験のみの受験生、教材購入者、無料の役務提供者、過去受講生は一切含まれておりません。＜平成25年12月19日現在＞

more than creative

代表取締役社長　岡本　慶一

東　京	102-8117　東京都千代田区飯田橋 2-18-3	Tel.03-5226-3030
大　阪	541-8528　大阪市中央区高麗橋 4-6-2	Tel.06-6203-2361
名古屋	460-0008　名古屋市中区栄 4-15-32	Tel.052-261-6131
● 九　州	810-0001　福岡市中央区天神 1-12-14	Tel.092-751-6533

支社・支所　北海道、東北、神奈川、静岡、長野、北陸、京滋、神戸、中国、熊本、沖縄
　　　　　　北京、上海、大連、ドバイ、ハノイ、ホーチミン、ソウル、モスクワ、シンガポール

http://www.nikken.jp

(株)アイ・トレーディング

〒446-0032 愛知県安城市御幸本町4-1-1201
TEL 090-3441-8808　FAX　0566-74-7859

! Kyushu Branch !

株式会社 梓設計　九州支社
〒810-0004 福岡市中央区渡辺通5丁目23番8号　サンライトビル
Tel.092-713-0311 Fax.092-771-2583

ITOKI

つながる・・ひろがる・・ここからはじまる
**ITOKI Fukuoka
New Office Plaza**
── イトーキ福岡NEWオフィスプラザ ──
http://cs.itoki.jp/fukuoka/
次世代ソリューションを具現化したイノベーション
オフィスを福岡にオープン。地球環境へも配慮
した「人が主役のオフィス環境」をご見学ください。

人も活き活き、地球も生き生き──新ユーデコスタイル
新Ud & Eco style

株式会社イトーキ
西日本支社　福岡市博多区上呉服町10-10 〒812-0036
TEL.092-281-4061 FAX.092-281-4867
お客様相談センター　0120-164177　URL http://www.itoki.jp/

地球に笑顔を

 大林組
OBAYASHI

Sponsor List　|　協賛リスト

株式会社 甲斐建設
http://www.kaikensetsu.com
〒813-0003 福岡市東区香住ヶ丘3-31-17
TEL.092-673-2828　FAX.092-673-2894

【露出型弾性固定柱脚】
ISベース 九州地区代理店

株式会社 鹿島技研

(財)日本建築センター評定
国土交通大臣認定

本社：〒820-0206 福岡県嘉麻市鴨生1番地9
TEL 0948-42-7071　FAX 0948-42-7072
http://kajima-g.ecgo.jp

想像を、チカラに。

人が想像できることは、必ず人が実現できる。
鹿島の都市づくりは、100年先を見つめています。

100年をつくる会社
鹿島

勝手口ネットワークストラクチャー
〜部分としての「既存建築」とネットワークとしての「隙間建築」〜
2013年度　卒業設計　金賞　石橋一弥

九州産業大学
工学部 建築学科 / 住居・インテリア設計学科

http://www.kyusan-u.ac.jp
〒813-8503
福岡市東区松香台2丁目3番1号

KSU
KYUSHU SANGYO UNIVERSITY

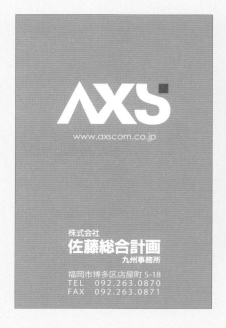

子どもたちに誇れるしごとを。

清水建設株式会社

九州支店

〒810-8607
福岡市中央区渡辺通三丁目6番11号
TEL 092-716-2002
FAX 092-714-4774

積水ハウス株式会社

九電不動産株式会社

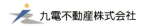西日本鉄道株式会社

&and 西部ガスリビング株式会社

銅製下地材の総合メーカー
株式会社 染野製作所

私たちの技術が我が国のスポーツ施設を支えています。染野グループは、全国約3万物件のスポーツ施設を施工してきました。銅製下地開発メーカーとしての自覚を持ち、確かな技術で高品質の製品を作り続けることをお約束いたします。染野グループは今後も社会に貢献して参ります。

TEL.029-872-3151
茨城県牛久市猪子町648
http://someno.co.jp/index.php

人がいきいきとする環境を創造する。

大成建設 TAISEI

本　社／東京都新宿区西新宿 1-25-1
　　　　電話 03（3348）1111

九州支店／福岡市中央区大手門 1-1-7
　　　　電話 092（771）1112

想いをかたちに 未来へつなぐ

TAKENAKA

竹中工務店 九州支店

〒810-0001 福岡市中央区天神4丁目2-20 tel: 092(711)1211

窓があれば、
そこにタチカワブラインド。

窓廻り製品を総合的に扱うインテリアメーカー
立川ブラインド工業株式会社
本社 〒108-8334　東京都港区三田3-1-12
　　Tel. 03-5484-6100（大代表）
福岡支店 〒810-0074　福岡県福岡市中央区大手門1-4-5
　　Tel. 092-751-5731

http://www.blind.co.jp

日本設計 九州支社
NIHON SEKKEI, INC.

福岡市中央区天神1-13-2 福岡興銀ビル
http://www.nihonsekkei.co.jp/

家具デザイナー

ベガハウス

職人

による、ものづくりワークショップ。

一緒にものづくりしませんか？
ワークショップ毎月開催、参加者随時募集中。

www.vegahouse.biz

株式会社ベガハウス

Sponsor List ｜ 協賛リスト

国内生産床材の
製造・販売・施工は
「北海道パーケット工業」へ
お任せ下さい！

北海道パーケット工業株式会社
TEL 0138-49-5871
北海道北斗市追分81-14
http://www.parquet.co.jp

MATSUYAMA ARCHITECT AND ASSOCIATES

ARCHITECTURAL DESIGN, INTERIOR DESIGN, PRODUCT DESIGN

http://www.matsuyama-a.co.jp

MR.FLOORING

フローリングのことなら
ミスターフローリング！

(株)ミスターフローリング
TEL 092-273-1600
福岡県福岡市博多区須崎町7-4 6F

環境・文化・未来のグランドデザイナー

三菱地所設計
Mitsubishi Jisho Sekkei Inc.

取締役社長　　大内　政男
九州支店長　　内田　裕

東京都千代田区丸の内3-2-3
TEL (03) 3287-5555
福岡県福岡市中央区天神1-6-8
TEL (092) 731-2277

http://www.mj-sekkei.com/

建築設計の立場から
医療・福祉・教育を見つめて47年

医療法人敬天会 武田病院　2014年2月 竣工

株式会社　メイ建築研究所
M.A.Y ARCHITECTS OFFICE
福岡市博多区博多駅東 2-9-1-4F
〒812-0013
TEL：092-415-1020
URL：http://www.may-ar.jp
E-mail：may@may-ar.jp

株式会社 山下設計
YAMASHITA SEKKEI INC.

九州支社
〒812-0037 福岡市博多区御供所町 3-21
TEL:092-291-8030　FAX:092-291-8040

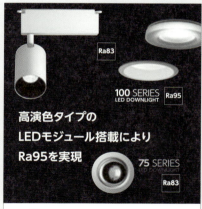

100 SERIES LED DOWNLIGHT Ra95
75 SERIES LED DOWNLIGHT Ra83

高演色タイプの
LEDモジュール搭載により
Ra95を実現

yamagiwa

株式会社YAMAGIWA 九州支店
〒812-0018
福岡市博多区住吉3-1-80 オヌキ新博多ビル1階
TEL:092-283-8721 http://www.yamagiwa.co.jp

LIXIL

株式会社 LIXIL　ビル九州支店
〒812－0897 福岡県福岡市博多区半道橋2－15－10
TEL 092-415-3939　FAX 092-415-3923　http://www.lixil.co.jp/

Sponsor List　|　協賛リスト

19TH FUKUOKA DESIGN REVIEW 2014
DOCUMENTARY BOOK
Edit by The 19th Fukuoka Design Review 2014
Executive Committee

福岡デザインレビュー2014
実行委員会編

2015年1月15日　初版発行

編　集
福岡デザインレビュー2014　実行委員会

発行人
岸隆司

発行元
株式会社　総合資格
〒163-0057東京都新宿区西新宿1-26-2　新宿野村ビル22F
TEL 03-3340-6714（出版局）
URL http//www.shikaku-books.jp

原稿作成
第19回 福岡デザインレビュー2014　実行委員会・記録部

企画・編集
第19回 福岡デザインレビュー2014　実行委員会　編集チーム

アートディレクション・デザイン
株式会社ジーエー・タップ　森山百合香＋薬師寺章子

撮　影
frap 福島啓和＋PGハラエリ

印刷・製本
セザックス株式会社

落丁本・乱丁本はお取り替え致します。
本書の無断転写、転載は著作権法上での例外をのぞき、禁じられています。

ISBN 978-4-86417-143-4
© 福岡デザインレビュー2014　実行委員会